蔡劲松 杜治洲◎主编

融合与选择

高校与首都公共文化建设研究

学者文库·社科

人民日报出版社

图书在版编目（CIP）数据

融合与选择：高校与首都公共文化建设研究 / 蔡劲松，杜治洲主编. — 北京：人民日报出版社，2019.8
ISBN 978-7-5115-5942-5

Ⅰ.①融… Ⅱ.①蔡… ②杜… Ⅲ.①高等学校—公共管理—文化工作—体系建设—研究—中国 Ⅳ.①G123

中国版本图书馆CIP数据核字（2019）第061607号

书　　名：融合与选择：高校与首都公共文化建设研究
主　　编：蔡劲松　杜治洲

出 版 人：董　伟
责任编辑：刘天一
封面设计：中尚图

出版发行　人民日报出版社
社　　址：北京金台西路2号
邮政编码：100733
发行热线：（010）65369527　65369512　65369509　65369510
邮购热线：（010）65369530
编辑热线：（010）65363105
网　　址：www.peopledailypress.com
经　　销：新华书店
印　　刷：河北盛世彩捷印刷有限公司

开　　本：710mm × 1000mm　1/16
字　　数：94千字
印　　张：7.5
印　　次：2019年8月第1版　2019年8月第1次印刷
书　　号：ISBN 978-7-5115-5942-5
定　　价：39.80元

目　　录

公共文化服务，是指由政府主导、社会力量参与，以满足公民基本文化需求为主要目的而提供的公共文化设施、文化产品、文化活动以及其他相关服务。2017年1月开始实施的《中华人民共和国公共文化服务保障法》，为加强公共文化服务体系建设、丰富人民群众精神文化生活、传承中华优秀传统文化、增强文化自信和提高全民族文明素质提供了法律保障。党的十九大报告明确指出，满足人民过上美好生活的新期待，必须提供丰富的精神食粮，必须完善公共文化服务体系。北京作为中国的首都，高校云集，文化资源极为丰富，在公共文化日益受到重视的今天，地处北京的高等院校应该在首都公共文化体系建设中发挥重要作用。

第一章　高校与城市文化发展的互动关系

党的十九大报告指出，文化是一个国家、一个民族的灵魂。文化兴国运兴，文化强民族强。没有高度的文化自信，没有文化的繁荣兴盛，就没有中华民族的伟大复兴。[①] 党的十九大强调要完善公共文化服务体系，深入实施文化惠民工程，丰富群众性文化活动。而高校是一种功能独特的文化机构，是与社会经济和政治机构既相互关联又相对独立的传承、研究、融合和创新学术的组织。它不仅是人类文明发展到一定阶段的产物，还在长期办学实践的基础上，经过不断的探索、历史的积淀和与外部环境的互动，逐步形成了一种独特的大学文化。[②] 历史地看，大学自诞生便与

---

① 习近平. 决胜全面建成小康社会 夺取新时代中国特色社会主义伟大胜利——在中国共产党第十九次全国代表大会上的报告[R]. 北京：人民出版社，2017：40-41.
② 王冀生. 大学文化的科学内涵[J]. 高等教育研究，2005（10）.

所在城市发展存在着动态互动关系。大学文化作为城市文化的重要组成部分，在与城市互动融合的过程中积极促进城市文化建设，全面推动城市文化不断向前发展。《中华人民共和国公共文化服务保障法》第 32 条明确规定：国家鼓励和支持机关、学校、企业事业单位的文化体育设施向公众开放。可见，作为事业单位的高校向社会提供公共文化服务有了法律的保障。

从宏观视角看，城市是现代社会政治、经济、科学技术和教育文化的中心，是人类社会文明和进步的成果。高校是传播知识、传承文明、培养人才、创新科技的重要基地，大学文化是一座城市先进文化的重要表征，对城市文化的发展起着引领和导向作用。大学文化作为城市文化的一部分，其丰富和发展也离不开城市文化的反哺和支撑。进一步理顺高校和所在城市之间的关系、促进大学文化与城市文化间的良性互动发展，是一个值得深入探究的课题。

首先，大学文化应引领城市文化发展。大学文化是高校师生通过教育与教学活动所创造和形成的精神财富、文化氛围，以及承载这些精神财富、文化氛围的活动形式与物质形态。大学文化是一种特殊的社会文化，具有自身独特的学术性、专业性、超越性、超前性、创新性、科学性和开放性。它的发展能够对整个城市文化的建构和城市精神的塑造起到引领和导向的作用，积极推动着城市文化的繁荣。大学文化引领城市文化发展的方向，凝练城市的文化精神，提升城市的形象，扩大城市的文化影响力和竞争力，这为大学文化和城市文化的互动发展提供了良好的前提条件。

其次，城市文化应支撑大学文化发展。城市文化是城市人类群体在社会实践活动中所创造的物质财富和精神财富的总和，包含着城市活动中的一切事物和城市市民的行为方式、心智状态等。城市文化具有多维度、多元化的复杂结构。现代高校基本是"依城而建",城市的深厚历史人文资源和丰富多元的城市文化为高校文化建设、发展提供繁荣生长的土壤和空间。而且城市发展水平愈高,提供服务的能力就愈强,对高校的影响力和吸引力就愈大。大学文化作为城市文化的一部分,城市的文化特点及其魅力必定会支撑高校的文化发展,加上在当地人文气息的熏陶下,令其呈现出独树一帜的形象、品位与气质。因此,大学文化在城市的支撑和促进下得以发展,并构成了城市文化的重要组成部分,这为大学文化和城市文化的互动发展打下了坚实的现实基础。

再次,大学文化必须与城市文化融合共生。城市是高校的载体和依托,高校是城市的一个招牌或者说一张名片。城市的历史文化资源、精神价值以及城市的经济基础,为高校发展提供了重要资源。其中,历史文化资源是一个城市文化个性的生动体现,也是一个城市成为文化名城的最独特的文化优势。此外,城市文化设施是城市文化品位的重要标志,它有助于形成城市文化品牌,进而转变为城市文化建设和发展的优势,为提升城市品位、推动文化事业健康发展、扩大城市的辐射力和影响力发挥着重要作用。这些由历史资源和文化设施等成就的城市文化为大学文化的发展确定了总体方向,大学文化作为城市文化的重要蕴含,应与城市整体文化的发展相向相融才有利于自身的发展。而高校为社会输送的各类专门人才进入城市各行各业,也将高校丰富鲜活的文化基因或元素潜移默化地向城市渗透,丰富城市文化的内涵,改善城市文化整体风貌,推动城市文化的发展。随着现代城市社会经济发展方式的转变,城市的经济发展越来越倚重科技创新和管理改进,高校作为主要的"智慧团""创新源"和"人才库",在服务社会与回报社会中,空间越来越广阔。在未来的城市竞争中,信息、知识与文化是经济可持续发展的关键,只有那些能与当地高校文化实现良性互动,善于利用高校学科专业优势、科技创新优势、人才智力、文化传承创新优势的城市,才能得到最佳发展。

因此，大学文化与城市文化融合共生是其互动发展的核心内容。[①]

一、融合的历史：大学与城市

1. 大学逐渐成为城市发展的文化支撑

大学自产生至今已有上千年历史，纵观大学发展史，现代西方大学萌芽于欧洲中世纪大学、发展于英国大学、繁荣于德国大学、创新于美国大学，而中国现代大学起源于西方。追溯历史，可以看出支撑强国崛起是大学的使命。概略地讲，大学对城市文化的驱动大体经历了萌芽期、发展期、繁荣期和创新期四个阶段。

第一，萌芽期大学文化对城市发展的积极影响。文艺复兴时期是大学的萌芽期，1088年意大利建立了世界第一所真正意义上的大学——博洛尼亚大学，被称作欧洲"大学之母"，拥有法学、逻辑学、天文学、医学等多个学科，但丁、伽利略、哥白尼等优秀人才曾在此学习或执教。早期大学的文化，并没有作为完全独立的领域存在于大学内部，而是与其所在的城市和国家有着密切联系：大学的文化孕育与发展，离不开城市与国家的环境支持；同时欧洲萌芽期的大学也以其先进的文化理念积极影响城市与国家的发展。可以看出，萌芽期的大学已经开始成为城市发展的重要因素和力量，意大利也因此萌芽出最早的资本主义，成为文艺复兴的发源地和当时的世界中心。

第二，发展期大学文化对城市发展的重要推动。文艺复兴之后诞生了近代科学革命，科学开始走向专门化、职业化的发展道路，同时内在地催生了以科学和技术为重要研究内容的大学走向发展期，比如建于1209年的剑桥大学培养了96位诺贝尔奖获得者，产生了牛顿、达尔文、培根等人物。这个时期的大学文化突出地表现为科学文化。在近代科学革命时期，科学的理性精神、

---

① 许珍. 发展视阈下高校校园文化与城市文化互动研究[J]. 中国成人教育，2012（9）.

实证方法以及其强大力量的彰显都深刻地影响着那一时期的城市文化内涵，弗朗西斯·培根提出的"知识就是力量"意味着科学变革世界的强大能力从大学走向自然、走向社会、走向城市，是那一时期在哲学观念上的文化指向。经过 18 世纪法国的启蒙运动，发展时期的大学文化经过达朗贝尔、狄尔泰、丰特奈尔等思想家的进一步弘扬，已经成为那个时代的主导文化。在经济领域的表现是，逐步影响和催生了第一次工业革命，城市面貌焕然一新，英国首先完成工业革命，成为世界上第一个工业化国家，支撑其实现跨越七大洲的殖民统治；在政治领域的主要表现是，建于 1167 年的英国牛津大学，培养了 53 位总统和首相，荣获 65 项诺贝尔奖，被誉为"天才与首相的摇篮"，涌现出爱德华七世、甘地、撒切尔夫人等著名人物。

第三，繁荣期大学文化对城市发展的强大塑造。在第二次工业革命时期，19 世纪中后期，大学进入了发展的繁荣期。德国政治统一、科技进步，经济跳跃式快速发展，以惊人的速度赶超英法，成为欧洲第一强国，奠定了这一时期其文化发展的世界中心地位。在人文文化领域，德国的大学里成长出一批对近代乃至当代都产生深远影响的大思想家、哲学家以及社会学家，比如在人文学科领域有顶尖声誉的马克思、恩格斯、费希特等就曾在被誉为"现代大学之母"的洪堡大学（建于 1810 年）任教或学习，他们的思想孕育于时代、形成于大学，最终成为塑造城市和世界的思想力量；在科学文化领域，这一时期的大学和研究机构开始分门别类细化对于自然的科学认识，在物理学、化学、数学、生物学等领域都取得了重大进展，城市建设和国家发展的各个方面，都深深地打上了近代科学文化所带来的烙印。从某种意义上来说，这一时期的大学与城市之间的思想文化界限变得模糊：大学中的科学与文化发展对社会与城市支持的依赖度越来越高；同时，社会与城市的发展对源于大学的科学力量与文化引领的需求度也越来越高，二者已经成为彼此塑造的相伴相生力量。

第四，创新期大学文化对城市发展的前瞻引领。第二次世界大战之后，世界格局发生了重大变化。美国的经济和军事实力得到快速发展，成为资本主义世界第一强国，此时世界中心从德国转移到了美国，大学也随之开始进入了一个新的历史发展时期，即创新期。在这一时期，文化对于城市的发展已经成为不可或缺的因素，文化创新带来的经济效益、社会效益和政治效益日益明显。因此，大学文化作为城市文化的重要组成，世界各国城市的发展都高度重视大学文化的贡献率。世界著名大学哈佛大学，既是科学与人文文化创新发展的重镇，也是美国政府的思想库，培养了8位美国总统、40多位诺贝尔奖获得者，罗斯福、肯尼迪、奥本海默、德纳、爱默生等曾在此求学。美国历史上建立的第三所大学耶鲁大学，作为常春藤盟校培养了5位美国总统、50位诺贝尔奖得主，布什、克林顿、福特、劳伦斯等人曾就读于此。

在中国，大学的建立开始于鸦片战争之后。当时中国沦为半殖民地半封建社会，一批胸怀救国梦的迫切希望挽救民族危亡的仁人志士效仿西方大学教育模式，探索建立中国近代大学，建立了北洋大学堂（天津大学前身）、京师大学堂（北京大学前身）、南洋大学堂（上海交通大学前身），涌现出了毛泽东、陈独秀、李大钊、张太雷等优秀人才，他们为民族自强、救亡图存努力奋斗，成为坚定的马克思主义者。当代中国已经进入中国特色社会主义新时代，更加坚定文化自信，并以中国特色社会主义文化引领提升城市发展内涵，为城市的建设注入文化动力。

2. 大学日益凸显城市发展的文化功能

大学具有天然的文化属性，是城市组织中最具活力的文化机构，能够对城市文化的构建提供持续的人才培养力、强大的科技创新力、广泛的社会服务力、深远的文化传播力。大学的诞生和不断发展与历史发展时期及其所在国家紧密关联，同时大学文化作为城市文化不可或缺的重要组成部分，始终和城市发展相伴随。大学是知识生产的动力源，是优秀文化的播种人，是促使人类文明不断向前发展的强引擎；城市拥有大批优秀人才，汇聚大量科研院所，打造大量科研成果。随着新一轮科技革命和产业变革的孕育兴起，城市形态的发展与变革促使大学内在功能进行转变；与此同时，大学也以其"聚合人才、孵化科技、传播人文"极大促进城市更快更好发展。

大学作为城市发展的文化功能主要体现在以下几个方面。

第一，打造人才大本营，形成城市人才高地。高校作为构建城市优秀人才特区的基地，会集高学历、高水平、高层次人文和科技领域的精英人才，拥有两院院士、千人计划、长江学者和各级各类重大科研项目主要负责人，这些精英和人才掌握各领域前沿知识和学术成果，一所城市拥有大学数量越多、大学层次越高，人才聚合作用就越大，高校对城市发挥作用愈凸显，城市所获收益也愈大。高校人才持续开展科技与人文领域基础和前沿研究，科技研究为城市发展注入新活力，助推城市经济发展；人文社科领域的不断探索为城市战略规划提供强支撑，奠定城市持续转型优化升级的基础。同时高校文化作为所在城市文化不可或缺且极为重要的组成部分，对不断丰富发展城市文化的内涵与外延具有重要意义，大学所拥有的科学精神、人文传统、创新意识、文化活动多层次辐射、带动和发展外界社会，引领城市文化向更高层次发展，其所培养的通识知识与专业知识相结合的优秀人才亦在为所在城市潜移默化地辐射先进文化。[①]

第二，提升科技孵化力，提供城市发展源泉。大学因其人才优势，打造大批科研成果，将科研创新与面向经济社会发展相结合，通过不断完善市场化科技成果转化和科研评价与绩效机

---

① 高雅斌，等. 高校文化对城市文化引领和推动作用[J]. 青年文学家，2011（20）.

制，以知识产权许可、转让、作价入股等方式增加知识价值，通过"产—学—研"结合，寻找新发现，研究新技术、开发新产品、研制新设备，并将其转化为生产力。以北航为例，其面向航空航天、医工交叉，围绕"海洋科技""量子传感""智能制造"，大力推进校地、校企合作，建设医工交叉创新研究院，打造了北航青岛国际科教新城、北航合肥科学城、北航成都国际创新港等合作项目，服务区域和城市的经济社会发展，把论文写在祖国大地上。

第三，播撒人文精神种子，引领城市文化风尚。夯实人文精神建设对于国家、城市和高校皆具有重要意义。回溯历史，兴起于北京大学、清华大学等高校的"五四运动"是1919年5月4日以北京高校青年学生为主组织的爱国运动，其传播了马克思主义，对中国共产党的诞生和发展起到了直接的推动作用；1978年开始于南京大学胡福明老师的"关于真理标准问题的讨论"，使人们走向解放思想、实事求是的正确轨道，为我国改革开放和实现社会主义现代化奠定坚实基础。由此可见，大学是人文精神的生产者，同时在人文精神传播方面也具有重要作用。大学的重要功能之一就是要润物无声、春风化雨，让人文精神散落在城市的每一个街角并温润人心。

城市和人一样具有品位，城市品位是自然环境和社会环境的总和，地理位置、气候条件、自然风光、生态状况、社会秩序、经济活动、文化传统都是构成城市文化品位的基本元素。① 其中文化元素是城市品位的重中之重，是提升城市品位的关键。作为文化的动物，提升城市人的品位是提升城市文化的中介环节，大学作为文化辐射源，通过打造人才大本营、提升科技孵化力和播撒人文精神种子不断提升城市人的品味，进而提升了城市品位。

---

① 李军. 大学效应在（昌平）区域发展中的作用[J]. 21世纪：理论实践探索，2010（4）.

二、纵深的案例：大学与城市文化互融的海内外比较

大学文化与城市文化共生融合，互文见义，演化催生出"互利双赢"的态势已强劲驱动着当今高校和社会经济的又快又好发展。在国外发达国家，大学与城市文化互动融合过程中，大学文化始终与城市文化相随，我国大学在借鉴西方发达国家大学与城市互融模式经验的基础上，形成符合我国国情的实践形式和服务模式。

1. 发达国家大学与城市文化互动融合

国外发达国家大学与城市文化互动融合，形成共生"联合体"，助推社会经济繁荣和文明进步，在与城市的有序发展过程中形成了相融性、国际性、多样性、区域性和开放性的特点。

第一，相融性，互为依存相互促进。大学因在城市腹地而不断兴盛，城市因有大学存在而繁荣发展。第二次工业革命以来，社会和科技飞速发展，知识经济成为一个新的世界主题，大学和城市的关系也更加紧密。一方面，城市作为培育和发展现代社会文化的主体为大学正常运转提供资源和保障，为大学学者创造良好环境，优越的政策和环境吸引越来越多具有才能和远见卓识的政治文化精英和大批生活、学习、工作在城市的学生，他们在与城市社会的互动过程中产生新发现、新思想和新理念，促使社会学、经济学和管理学等新兴交叉学科的产生与发展；与此同时，许多大学面向所在城市和社区，开设科学文化讲座和与居民日常工作生活息息相关的课程、培训会，通过提供知识技能为城市带来强大活力，形成校园内外非正式学术网络和社会关系网络，为城市经济发展提供源源动力。大学与城市互为依存、相互促进，在深度融合中不断加固和共振，形成共生"联合体"，两者相得益彰，大学因城市而提升综合实力，城市因大学而全面快速发展。

第二，国际性，跨越交流资源共享。在全球化的大背景下，

世界各国日趋发展国际化精神气质和文化氛围，培育人才、创新科技、弘扬文化，辐射文明的高校和作为区域社会政治、经济、文化中心的城市都应当积极适应、主动作为，应对全球化浪潮。在西方发达国家，大学和城市文化发展的国际性主要体现在以下几个方面：国家制定制度和政策的国际化；高校人才师资队伍的国际化；学生培养的国际化；实验室建设和科研项目开展的国际化；政府、企业和社会组织管理服务的国际化；高校与社区各类合作交流的国际化；通过全民跨文化交流体验激发国际化全球意识和思想观念。以美国为例，其在城市和教育体系初步构建时便探索大学与城市的融合共生，并积极提升大学与城市的国际化程度。一方面，美国要求城市和大学全面参与国家和国际事务，在国际社会积极发声、主动作为；另一方面，将大学和城市研发的新技术、新产品输出到世界各地，在传播美国价值观和大学教育模式的同时获取经济效益。

第三，多样性，多种模式全面发展。多样性是西方发达国家高校与城市融合发展的重要特征，高校的定位目标、管理体制机制、学生来源结构、人才培养目标均具有多样性，相同类型层次的高校其师资力量、服务保障、学科布局、科学研究、人才培养、国际交流和战略发展等方面也存在较大差异，大学与城市的互动也因为城市历史沿革、产业布局、战略定位、精神内涵等方面的差异而发展形成了多种大学与城市互动融合的模式。作为体现多样性的代表美国为例，自建国以来其便一直重视大学的发展，在不断扩充实力，成为世界强国的进程中，大学为美国城市和社会发展发挥着重要作用并彰显其独特的价值。随着美国国力进一步发展，社会经济的变革和社会各界力量对大学不同的需求，形成了多样化的大学类型，如表1.1所示。

表 1.1 美国不同类型大学与城市间融合特点

美国大学类型	大学与城市间融合的主要体现	相同点
研究型大学	面向美国甚至世界宏观策略、社会经济、科技发展和人才培养的互动。	各类型大学在与城市互动融合过程中，城市对大学教育的需求和要求日趋复杂，逐渐形成了诸如校企、校所（研究所）、校政（政府）、校园（科技园）、校区（社区）等类型合作关系，城市和大学互利共赢，共同发展。
研究型大学	大学除了对城市产生政治、经济影响外，还是城市文化的象征和名片。	
地区性州立应用型大学	面向本区域培养应用型人才为主要目标，大部分学生来自本地区，该类大学以教学为中心，与城市融合互动的内容较为松散、具体，主要体现在为本地区的行业、产业和社会具体领域培养岗位应用技术和管理人才，开展技术开发和社会服务等，为区域社会经济发展提供智力支撑。	
城市社区学院	直接为所在城市及其社区服务，它们主要面向本市招生，人才培养和社会服务主要满足本市和社区需要。由于开设的专业和课程灵活性、岗位针对性最强，也最接"地气"，如城市规划、机电修理、旅游酒店服务、社区管理、家政服务类等课程。	
城市社区学院	社区学院与城市之间的合作，主要围绕城市经济和生产及居民的生活开展技术、技能培训和科技文化普及，这种高校与城市微观层面的融合与互动频率高，对高校师生和居民生活影响大，也不乏矛盾与冲突。	

第四，区域性，促进区域全面发展。大学与城市文化相互协调发展具有明显的区域性。地方区域经济发展为城市和大学文化区域化建设提供支撑与保障，同时区域经济的发展和所在区域居民生活水平的不断提高推动城市和高校文化建设朝区域化、社区化方向发展。以美国为例，其不同类型的大学皆以助推所在区域经济和文化发展为己任，在培养人才、科技创新、引领文化的同时促进社会经济进步发展与繁荣。美国研究型大学主要通过与所在区域形成合作关系，承担社会、社区责任促进区域发展；地方

普通高校和地方大学主要通过服务地方经济发展、加强大学与社会相互作用等方式为所在区域发展贡献力量，如表 1.2 所示。

表 1.2　美国不同类型大学促进区域发展模式

大学类型	促进区域发展模式	代表大学	具体案例
研究型大学	与区域企业合作	斯坦福大学	推动创新型大学与区域经济发展的紧密结合，充分发挥自身智力优势，在美国加利福尼亚州北部、旧金山湾区南部一段长约 25 英里的狭长谷地上，建立了当今电子工业和计算机业的王国"硅谷"科技园区，融科学、技术、生产为一体，拥有英特尔、特斯拉、甲骨文等高科技公司，成为美国高新技术的摇篮，成为大学与企业合作，以科技园区助力区域经济繁荣的典型，同时为城市综合竞争力提升起到关键作用。这种大学主导下的校企合作发展到园区带动区域经济发展的"硅谷科技园现象"应该说也是研究型大学与城市文化有机融合，促进地方经济发展的成功典范，值得全球大力推广。
	主动承担社会、社区责任	麻省理工学院	通过培养机械师、工程师、建筑师和化学实验师等，首次开设电工类课程，同时开展"电波传声"研究，发明了世界上第一部电话，发明者贝尔在波士顿创办了贝尔电话公司，成为美国高校与企业合作的一大创举，成为高校创新创业"孵化器"的先河。
地方普通高校	服务地方经济发展	北卡罗来纳州立大学	美国的地方普通高校积极调整办学方向，加强同社会各界的密切合作，从建校伊始就强调大学的基本任务，在把学生培养成有知识有能力的公民的同时向大众传播知识，并运用知识解决社会、经济、生产和政治、生活等方面的问题。学校的教学、科研与本州的经济社会发展相适应，重视大学在社会文化和经济发展中的作用。

大学类型	促进区域发展模式	代表大学	具体案例
地区性大学	加强大学与社会相互作用	威斯康星大学	提出"大学要以整个州为校园""服务于全体公民""关心公民的生活质量""提高地方的文化水平""发展地方经济",被称为"威斯康星思想"。 该校开拓性的发挥了美国地方高校直接为社会经济发展服务的职能,学校适时开设畜牧业短期函授课程,依托遍及全州的农业推广中心开展相关知识和技能培训,并将学校最新科技研究成果应用于当地的乳品工业,以此适应本州乳品工业发展和小麦种植逐年减少的状况,为此州带来巨大经济收益。
		伊利诺伊工业大学	立足本地社会经济发展需要开展科研与技术合作,建立木工厂和金工厂,将高校科学技术应用于企业生产实践,并在本州设立众多农业实验室进行农业科技实验与推广。

第五,开放性,各类资源交换影响。大学与城市文化的开放性主要是指大学和城市之间在相互联系、相互作用中实现物质、能量、信息、文化交换并施加影响。[①] 城市为大学发展提供物质资源保障,美国在南北战争之后,大学理念出现了重要发展,在传统"传授知识"模式的基础上探索以大学产生的新知识、新技术服务社会的新功能,发挥大学的开放性助推城市社会的经济文化建设,大学服务社会的重要职能自此得以形成,美国也因此产生了众多典型知名大学与城市互动的模式,为世界各地提供重要经验参考。开放性特征促使美国大学和城市发展站在世界领先地位并引领世界各国大学与城市互动发展,主要体现在校园与城市建

---

① 黄莺. 浅谈国外大学文化与城市文化融合发展的五个特性[J]. 华北理工大学学报(社会科学版),2017(3).

设的开放性、办学理念与思想的开放性、资源整合与共享的开放性、大学与社区的开放性等方面。

2. 我国大学与城市的文化互动融合

在我国，大学办学定位具有鲜明的地域性，尤其作为地方大学更是具有"地方投资""地方管理""办在地方""服务地方"的显著特征。1985 年国家发布的《中共中央关于教育体制改革的决定》中指出："中央部门和地方办的高等学校，要优先满足主办部门和地方培养人才的需要。"对我国高等教育领域的发展和变革起到指导性作用。《国家中长期教育改革和发展规划纲要（2010—2020 年）》明确要求："树立以提高质量为核心的教育发展观，注重教育内涵发展。"大学通过改革在人才培养质量、科学研究水平、服务所在城市经济社会发展以及文化传承创新能力方面全面提升水平和质量，实现内涵式发展。[①]

与国外发达国家相比，我国大学与城市互动融合主要以政府为主要驱动力，因此与所在城市的互动交融停留在较浅层次，缺少直接互动，相较于西方发达国家尚存在一些不足。

根据我国大学科研规模大小，将其分为研究型、研究教学型、教学研究型和教学型四种类型，大学类型不同，其人才培养和科学研究等方面的层次和定位也各有不同。与此同时，不同类型大学在服务城市文化，对城市文化建设发展的贡献度和作用方面也不尽相同。陈斌等人在《大学服务城市文化功能探究》一文中根据大学文化功能的层次将大学服务城市文化定位在发挥文化创新、创造功能，创新城市文化；发挥文化选择和传承功能，引导和引领城市文化；发挥文化传播功能，传播和弘扬城市文化三个层次

---

① 顾洁岚. 地方大学与城市文化软实力建设的互动研究. 广州大学教育学院硕士学位论文，2013：14.

上。① 三个层次相互关联、相互作用、相互影响，引领城市文化需要以传播和弘扬城市文化为载体，在凝练和发扬城市文化的过程中需要不断加强对城市文化的创新。根据上述对我国大学的分类，不同类型的大学对城市文化发挥的作用如表 1.3 所示。

表 1.3　我国不同类型大学对城市文化发挥的作用

大学类型	发挥的作用
一般研究型大学和部分研究教学型（或者教学研究型）大学	文化创新、创造的作用，努力思考如何为创新城市文化做出更多的贡献
大多数研究教学型（或者教学研究型）大学和本科教学型大学	承担起文化传承与选择的功能，更多地思考如何加强对城市文化的引导和引领
高职高专等教学型大学	承担对城市文化的传播功能，更多地考虑如何提高弘扬城市文化的能力
备注：考虑到文化的多变性、复杂性，各类型大学服务城市文化的实际内容和路径肯定会有交叉	

三、价值的导向：公共文化服务的"公共性"要求

现代公共文化服务体系，这一概念在我国出现的时间并不长，过去我们长期使用的概念是社会文化、群众文化。与传统文化事业不同，构建公共文化服务体系在"文化服务"前面，多了"公共"一词。"公共"，强调的是文化的普惠性、共享性和均等性。所有人都有条件、有保障、能就近方便享有的文化服务和文化活动，不分贫富、不论身份、人人普遍均等，它是以满足公民基本文化需求为主要目的，由政府主导、社会力量参与，向全体公民提供的公共文化设施、产品和服务，体现了五大发展理念中的"共享"的理念。公共文化的"公共性"可以从以下几个方面理解：

---

① 陈斌，张维雅，郑剑. 大学服务城市文化功能探究. 中国高教研究，2012（3）.

1. 共享——公共文化体现着为人民服务的根本要求

"要解决好'为了谁、依靠谁、我是谁'这个问题"，[①] 让人民享有健康丰富的精神文化生活，是全面建成小康社会的重要内容。公共文化服务体系是一种以保障公民基本文化权利为出发点的制度体系，必须坚持发展为了人民、发展依靠人民、发展成果由人民共享的原则。

人民群众是我国社会主义文化建设的服务对象和依靠力量，中国特色社会主义文化，本质上是人民大众的文化，是人民群众共建共享的文化。"为了谁""依靠谁"是文化建设的根本问题，决定着文化建设的性质和方向。随着物质生活水平的不断提高，人民群众对自身文化权益的要求和丰富有益的精神文化生活期待也越来越高。人民的文化权利与生存权、发展权以及经济、社会权利同等重要，同样应该得到更好保障。因此，从这个意义上说，完善公共文化服务体系，是尊重和落实人民文化权益的重要举措。

当前，社会文化消费正进入快速增长期，文化已经成为改善民生、提高人们生活质量幸福指数的重要因子。而相当长一段时期内，相对落后的文化生产与人民群众日益增长的精神文化需求间的矛盾，仍是文化建设领域的主要矛盾。同时，公共文化服务体系建设中存在着供给不足、效能不高、供需错位等突出问题。这就要求我们通过改革，充分发挥人民群众参与公共文化服务建设的积极性和主动性，激发文化发展的动力、活力，提高文化产品和服务的供给能力，推动社会主义文化大发展大繁荣，促进人的全面发展，真正实现文化发展为了人民、文化发展依靠人民、文化成果由人民共享。

2. 共建——公共文化孕育一个城市创新的灵魂

习近平总书记在文艺座谈会上的讲话指出，"文艺的一切创

---

① 习近平. 在文艺工作座谈会上的讲话[N]. 人民日报，2015年10月15日，第2版.

新，归根到底都直接或间接来源于人民。"公共文化服务体系构建是要让人民成为文化的主角，政府由"办文化"向"管文化"转变。中国特色社会主义文化是人民共建共享的文化，必须发挥人民在文化建设中的主体作用，尊重人民主体地位和首创精神，充分挖掘蕴藏于人民之中的文化创造潜能，为人人成为社会主义文化建设者提供广阔舞台。北京798艺术区所在的地方，原来是中华人民共和国"一五"期间建设的"北京华北无线电联合器材厂"，前几年，一些艺术家和文化机构把原来废弃的厂房发展成为画廊、艺术中心等各种空间的聚合，将当代艺术与历史文脉创新地结合起来，经过几年的发展，现在798已经成为北京新的文化时尚地标。与北京798文化创意区一样，近年来，各地开展的市民文化节、全民阅读季等活动，将群众推到公共文化的前台，在全民共建中，大家的参与感、主创意识空前增强，不断激发创新活力，共同引领一个城市文化的发展方向。一座城市的公共文化建设，对涵养城市文化生态、丰富城市文化生活都发挥着重要的作用。

3. 共有——公共文化是构建民族凝聚力的重要阵地

随着我国社会变革进程加快，各种矛盾不断凸显，社会思想意识多元多样多变，各种思潮交融交流交锋日趋频繁。国际上，不同价值观和制度模式的较量依然激烈，境外敌对势力对我国实行西化、分化的图谋并未停止，国内外敌对势力无孔不入，想方设法把他们的价值观和生活方式用文艺的方式进行渗透，公共文化领域处在意识形态斗争前沿，各种敌对势力都在同我们争夺公共文化阵地、争夺人心、争夺群众。

文化凝聚着一个民族的共同记忆，是民族文化身份的象征，是培育民族精神的土壤。公共文化的构建是借由文化的链接，把全国56个民族、天南海北的人们连接起来、团结起来，在尊重多样性的基础上，凝聚形成共有的文化记忆与身份认同。因此，从这个意义上说，公共文化对于国家安全、民族团结具有极端的重要性，是构建民族凝聚力、向心力的重要阵地。这块阵地，我们不去占领，就会被其他人所占领。有研究表明，公共文化服务的供给能够有效地抵制极端宗教等有害文化的侵蚀，这说明，公共文化供给具有明显的挤出效应。尤其是在首善之区的北京地区，我们要从国家安全战略的高度，审视公共文化供给这一问题。

四、时代的叩问：新时代城市文化发展对高校资源的迫切需求

新时代新思想新要求新征程，我国在城市建设和发展中更加注重城市的公共文化服务功能，进一步提升城市的文化软实力是提高城市竞争力的重要内容。城市的竞争力是在一定竞争环境下，一个城市在发展过程中所具有的吸引、争夺、拥有、控制和转化资源，以创造价值或财富，提高居民生活水平和城市可持续发展的能力。[①] 其中，城市文化竞争力是其他所有竞争力的基础，一座城市的经济生产、社会生活等内容因其文化竞争力而得以不断发展。依托城市而建立的大学对城市具有区域服务功能和文化服务功能。以大学文化为内核的高校资源对城市文化建构和精神建设具有重要作用，主要表现在引领文化、辐射文化、创新文化、凝聚文化等方面。

1. 提升社会文明风尚对大学文化引领的迫切需求

城市文化一般包括三个结构：建筑、基础设施、绿化环境等物质文化；政治制度、经济制度等制度文化；宗教、风俗、道德、法律等精神文化。多元性是城市文化的重要特征，其中不乏包含迷信、腐败等违背城市精神文明建设的丑陋文化。主流文化应当培育和践行社会主义核心价值观，其中包含中华优秀传统文化、

---

① 邱相君. 以大学文化建设提升城市文化竞争力[J]. 沈阳工程学院学报（社会科学版），2008（4）.

社会主义先进文化。大学引领社会风尚、彰显文化价值，是社会
文化的领跑者，把优秀传统文化的传承与中华文化传播相结合，
传承红色基因，弘扬中华优秀传统文化、革命文化和社会主义先
进文化，在区分善恶、明辨荣辱、建立信念、认识真理等方面一
直是社会的精神坐标。[①]大学通过知识的创新和高层次理性精神的
追求评价社会现实文化，促使其健康向上发展；通过中外文化的
研究和比较，发扬社会主义先进文化的优越性；通过对社会多元
性文化进行分析整合，建立城市居民正确的价值观。

2. 提升居民文化素养对大学文化辐射的迫切需求

大学文化是城市文化的重要组成部分，但大学文化的内涵和
外延又先进于城市文化。大学精神包含着爱国民主的人文精神、
求真务实的科学精神和开放创新的时代精神。大学精神在不断践
行和传播的过程中不断影响和辐射城市文化。习近平总书记在党
的十九大报告中强调："完善公共文化服务体系，深入实施文化惠
民工程，丰富群众性文化活动。"[②]高校对完善城市公共文化服务体
系具有重要意义，一方面，高校以文化人、以文育人，培养各类
专业高素质人才，每年向各个城市输送大批毕业生，毕业生通过
改善城市居民文化素质结构影响城市文化发展。与此同时，高校
拥有高层次教师等人才资源；艺术馆、校史馆、科技创新馆、博
物馆、体育馆、音乐厅等文化场所；艺术团、社团等文化团体；
艺术展览、音乐会、体育赛事、科创体验、艺术沙龙、博雅讲座、
训练营等文化活动，大学在满足在校大学生及教职工需求的同时，
创新管理机制体制，提升大学文化的社会辐射能力，与城市居民
共享高校文化资源，全方位提升城市居民文化素养。

---

① 胡琦. 文化生态学视阈下现代大学文化力的思考[J]. 高等理科教育，2010（5）.
② 习近平. 决胜全面建成小康社会　夺取新时代中国特色社会主义伟大胜利——
在中国共产党第十九次全国代表大会上的报告[R]. 北京：人民出版社，2007：44.

3. 支撑城市创新发展对大学文化创新的迫切需求

大学拥有大批创新人才、学科创新平台和创新引智基地，是知识创新的重要载体。城市高品质思想文化和宽领域科技文化正是源于大学，大学所创造的新知识、新技术、新思想形成诸多文化成果和文化产品，助推城市文化繁荣发展。大学通过对各专业领域的前沿研究，为城市政府及相关部门提供政策咨询，为城市发展提供重要依据和参考；大学科技领域的不断创新与发展，研究出众多科研成果，促进科技文化宽领域纵深发展，为城市发展提供不竭的创新活力。从大学中走向城市的人群也将自身的创新活力注入城市发展进程之中。

4. 升华凝聚城市精神对大学文化凝练的迫切需求

城市精神是在城市形象的基础上，对城市的发展、历史、文化的积淀、升华、提炼，是一种与城市和市民血脉相连的精神力量。[①]大学是所在城市的"名片"，是城市形象和精神的外在表现，大学通过其所拥有的高素质人才、前沿的思想和创新的精神升华城市形象，凝聚城市精神，为城市发展积极贡献力量。

大学文化是大学在长期办学过程中形成的历史积淀、创新品格和价值取向，既包含和反映着历届师生对大学本身的总体认知、理想追求和实践探索，又是凝聚师生的精神纽带。大学文化的结构体现为表层文化、中介文化与深层文化三个层次，由精神文化、制度文化、物质文化和行为文化四个要素综合而成。[②]大学通过引领文化、辐射文化、创新文化、凝聚文化四个方面，依托物质、行为、制度、精神四个层次和"表层、中层、深层"三级系统结构实现服务城市文化的职能；各个层级体现了大学服务城市文化

---

① 杨向荣，王菁华. 大学文化对城市文化竞争力的提升作用[N]. 光明日报，2005年7月5日，第11版.

② 蔡劲松. 大学文化理论构建与系统设计[M]. 北京：文化艺术出版社，2009：33.

形式和内容上的层次性。而且，大学的服务职能还会在一定时期、一定条件下实现转化，从而出现表层文化向深层文化渗透、表层文化为深层文化实现创造条件、深层文化带动更大范围的表层文化建设与演化。[①]大学服务城市文化的形式与内容的层次性如表1.4所示。

表 1.4 大学服务城市文化的形式与内容的不同层次

层次	名称	内容
第一个层次	表层物质文化	包括高校名称、标志、主题色彩、功能布局、建筑群和道路、绿化等人工自然环境，还包括大学师生等实体，大学表层物质文化是可感知的、有形的，是最生动、最形象的表现。
第二个层次	表层行为文化	大学师生在生活、学习和工作过程中的所有行为要素。
第三个层次	中层制度文化	大学所制定的各类管理制度、管理方法、政策及相应的制度氛围。
第四个层次	精神文化	大学经过长期积累和凝练逐步形成的精神成果和文化理念，包括大学精神、办学目标、价值观等。

---

① 陈斌，张维雅，郑剑. 大学服务城市文化功能探究[J]. 中国高教研究，2012（3）.

第二章　首都高校在全国文化中心建设中的地位及作用

一、焦点与示范：首都文化中心定位及战略重要性

　　北京作为全国文化中心的定位是根据首都城市的历史积淀、发展现状、动态变化以及城市性质和功能定位确定的，它是经历了一个漫长的发展过程的。[①] 北京是中华文明的发祥地之一，远古时代，山顶洞人和北京猿人等在此生存及繁衍。而在先秦至隋唐时期，北京地区的文化发展已经呈现"小荷才露尖尖角"的态势，对于北京历史上作为全国文化中心的形成过程，主要特征以及深远影响见表 2.1。

---

① 李建盛. 新中国成立后北京城市性质定位对全国文化中心建设的影响[J]. 北京联合大学学报（人文社会科学版），2015年第13版。

表 2.1　北京作为全国文化中心的形成历史

年代	形成过程	主要特征	深远影响
金朝	1153 年海陵王下令迁都燕京，北京正式建都，多民族融合为全国文化中心奠定基础，从区域文化中心向全国文化中心过渡	• 政治中心是文化中心的前提。二者在任高度融合，没有政治中心地位就没有文化中心；而没有文化中心也就无法维持民族团结和大统一。	• 政治上促进了中国大一统局面的形成。"民族融合，祖国统一的中华之都""应运而兴之都"。
元朝	1267 年忽必烈过都大都（今北京），首次成为全国一统政权，政治地位促成全国文化中心的形成	• 封建文化的集中代表。封建等级制度、宗教礼法制度；封建文化的辉煌成就。	• 民族融合上促进了各民族大统一局面的形成与发展。
明朝	1416 年朱棣下令营建北京城，政治文化中心地位进一步巩固	• 教育和人才中心，全国文人学士集中之地，高素质人才形成的京官结构。 • 学术活动中心。 • 文学艺术中心。	• 在文化的建设与发展上、融合发展，汇聚传播，引领导航。
清朝	1644 年多尔衮占领北京，迁都至此，形成京师文化	• 文化交流中心，区域文化交流中心，民族文化交流中心，国际文化交流中心。 • 宗教文化中心。	• 促进了社会经济的发展与交流，繁荣与发达。
清末至民国	北京是中国近现代文化转型的中心，最早进行新文化运动，马克思主义最早传入	• 近现代文化的发源地。	

续表

年代	形成过程	主要特征	深远影响
1953	北京是政治中心、经济中心和文化中心	• 落实与实践社会主义核心价值体系与价值观的引领与示范区。 • 国家文化象征和民族优秀传统文化的集大成者。	• 提升文化自觉与文化自信，民族素质，民族自尊心以及自信心和自豪感。
1955	北京作为政治中心、文化教育中心、现代工业基地和科学技术中心		
1962	北京是全国政治、文化、经济管理中心	• 国家进行文化体制改革和文化政策的先驱作用。	• 可以促进经济发展的方式转型和城市发展模式的改变，推动北京科学发展与规划。
1973	北京是现代工业、现代农业、现代科学文化和现代化城市，设施的清洁的社会主义首都		
1982	全国政治中心和文化中心、国家及历史文化名城、国际旅游城市	• 文化人才聚集和国内外各种优秀文化的交流交融合开放多元之地。 • 全国人民的文化需求和文化消费的中心地区。	• 加强对全国文化建设的服务，引领推动全国文化大发展、大繁荣，满足人民的文化需求与文化消费，保障基本文化权益。
1993	全国政治中心和文化中心、世界著名古都和现代国际城市		
2003	全国政治中心、文化中心、世界著名古都和现代国际城市	• 完善的公共文化服务体系为满足全国人民的精神文化需求提供保障。 • 文化创意产业推动首都经济发展，科学转型。	• 传播中国特色社会主义文化，塑造中国特色的大国形象，促进人类文明的进步与发展。
2011	形成《北京市人大常委会关于推进全国文化中心建设的建议》		
2016	北京市"十三五"时期加强全国文化中心建设规划		
2017	成立全国文化中心建设领导小组，并就《建立健全全国文化中心建设统计指标体系研究》课题招募研究合作单位		

资料来源：根据北京市人大常委会课题组《推进全国文化中心建设》及李建盛《新中国成立后北京城市性质定位对全国文化中心建设的影响》整理。

北京古都文化代表中华文化特质和当时文化发展最高水平并积淀传承至今的文化结构、文化要素和精神气质，主要具有四个方面的特色：

一是方正庄严。作为五朝帝都，北京文化具有强烈的国家、民族的正统意识。在建筑格局上，北京依据"天人合一，法天而治，象天设都"的传统都城规划理念，遵循辩证方位、讲求对称、突出中心的原则，"图皇基于亿载，度宏规而大起"。

二是雍容博大。作为帝都文化的集中体现，北京古都文化具有从容大气、雍容华贵的气质，它是城市文化、都城文化中的"贵族"。其无与伦比的恢弘壮丽、金碧辉煌的皇家建筑，是这种气质、气派最直观的体现。时至今日，在"一城三带"的格局中，古都文化呈现为收藏在博物馆里的文物、陈列在广阔大地上的遗产、书写在浩瀚古籍里的文字，体现于广大市民的言行。

三是崇文厚德。北京作为古代全国政治中心，建都、定都北京的历代帝王都尊崇儒家思想，强调以文教化。中央政府在这里设置国子监等大量文化机构，组织殿试等系列文化活动，京师与全国各地以及其他国家、地区之间都有着多样的文化联系与交流，北京成为人才渊薮和文化津梁，形成崇尚人文的传统和"郁郁乎文哉"的气象。

四是协和宁远。北京位于东北平原、蒙古高原、华北平原三个不同自然地理单元的交会部，处在农耕文明和游牧文明的交会处和东北、西北、西南几条古代大道的交会点。北京历朝历代总体上以开放、讲信修睦的态度对待世界交往，致力于构建和平、合作的天下秩序。汉文化与少数民族文化的交融，中西文化的交汇，传统文化与现代文化的会通，为北京协和天下、长治久安的文化特色注入了更为丰富的内涵。

北京文化的性质、内涵、结构和功能，既具有作为国家首都的普遍性，也具有北京作为地域性城市的特殊性；同时，北京作为现代国际城市，其文化的维度也远远超出了地域性城市的概念。因此，无论其内涵、结构还是功能都不是单一的，而是丰富多维的。北京作为全国的文化中心，其文化的总体构成，可以概述为以下具有丰富内涵和强大功能的八大文化结构。第一，国家首都文化：北京作为国家首都，其文化应有体现国家文化意识形态和文化价值导向的社会主义先进文化；第二，中华传统文化：北京作为全国的文化中心，也是汇聚、继承、传播和弘扬中华传统优秀文化的中心；第三，历史名城文化：北京是具有3000多年建城史和800多年建都史的历史文化名城，历史文化深厚丰富，是北京具有历史文化魅力的重要组成部分；第四，现代国际文化：北京作为国际交往中心，也是国际文化交流和国际文化对话的中心，发展国际文化交流和建构现代国际文化是北京作为国家首都和国际交往中心的重要职能；第五，科教创新文化：北京是国家的科技、教育中心，不仅科技教育文化资源丰富，而且具有强大的人才优势和文化创新优势，发挥着文化人才培养、文化创新和文化发展的支撑性作用；第六，北京特色文化：在历史发展过程中，北京形成的丰富、浓郁和深厚的地域特色文化，是北京作为地域性城市的重要内容，是在北京城市日益现代化中具有持续地域魅力的文化要素；第七，创意产业文化：近年来，北京大力发展文化创意产业，形成了具有全国领先优势的创意产业文化，发挥着促进文化与经济融合创新发展的作用；第八，宜居城市文化：与其他城市相比，北京有比较丰富的公共文化资源，宜居城市文化成了今日北京城市文化的重要组成部分，并发挥着重要的作用。

　　自"十二五"以来，尤其是党的十八大以来，北京作为首都的城市定位越来越明确，作为全国文化中心，在文化建设和发展方面一直发挥着不可替代的积极作用，在全国的城市文化和城市形象建设中具有引导领航的作用。比如学习贯彻中国特色社会主义理论系统与习近平总书记系列讲话成为热潮；社会主义核心价值观与全市人民团结奋斗的思想更加牢固；舆论能力和水平得到进一步的提高；文化创意产业蓬勃发展，文化体制改革率先展开；历史文化遗产的保护工作，公共文化服务体系建设更加完善等。①

但是作为全国的文化中心，北京仍然存在着一些需要努力解决的矛盾和问题。尤其是在党的十九大召开后，我国的社会矛盾已经转化为"人民日益增长的美好生活需要和不平衡不充分发展之间的矛盾"，在这样的背景下，北京应该继续落实《北京市"十三五"时期加强全国文化中心建设规划》，明确首都的战略定位，保持其整体性、前瞻性、战略性和可持续发展性。我们可以借鉴外国的建设全国文化中心的一些经验。它们在引领时代风尚、凝聚民族精神、塑造国家形象等方面发挥了重要作用，而且都通过文化中心建设使城市的发展获得新的机遇和强大的动力，比如伦敦就通过文化创意产业的发展，将形象力很好地转化为城市的竞争力和生产力。②

另外一些国际化大都市，如巴黎、纽约和东京等，在文化影响力上可谓在全球位于前列。国家和政府对于文化项目的政策和资金支持以及文化保护的法规法律，使得巴黎的文化艺术能够源远流长，常青不老。而纽约海纳百川的文化胸怀和宽松的文化政策环境为文化的生长与发展创造了很好的沃土。东京的公共文化服务体系建设更需要我们学习。③

而相较于国内的其他城市，北京建设国家文化中心又具有其独特的优势。首先在城市定位方面，在中华人民共和国成立后的各项规划中，都提及要将北京建设成为我国的政治、文化中心，

---

① 北京市"十三五"时期加强全国文化中心建设规划.

② 刘川生，韩凯，王祥武，宋贵伦. 北京文化发展报告2014—2015年[M]. 北京：文化艺术出版社，2015：36–37.

③ 北京市人大常委会课题组. 推进全国文化中心建设[M]. 北京：红旗出版社，2012：40–41.

这是国内其他城市无法企及的。其次，作为首都，北京可以受到很多国家、中央的资源支持，科研单位、高等院校、国家大剧院、国家博物馆、国家图书馆等都是硬性资源，其他比如国际国内的文化交流活动等又提供了软件资源，这都是北京发展文化中心得天独厚的优势。[①] 而且北京在历史上就作为很多朝代的首都，其传统文化气息非常浓厚，文化信息丰富，文化遗产密集，文化资源的优势也体现得淋漓尽致。[②] 而文化相关领域的优势，北京的科研力量，科研人员，科研经费的投入等在全国位于前列，根据北京统计年鉴2016的数据，2015年科技活动人员747461人，专利申请数156312件，专利授权数94031件，研究经费13840231万元，项目课题数136969项，都基本位于全国前列。[③] 在2017年的各项城市竞争力排行中也比较靠前，如表2.2所示。

表 2.2 北京在各项竞争指数的排名（2017）

排名	综合竞争力	文化竞争力	创新指数	创意指数	区域国际人才竞争指数
1	上海	北京	北京	北京	上海
2	香港	杭州	深圳	上海	北京
3	深圳	西安	上海	香港	广东
4	北京	南京	苏州	深圳	江苏
5	广州	洛阳	杭州	杭州	浙江
6	重庆	抚州	南京	广州	山东
7	天津	济宁	广州	重庆	天津
8	杭州	嘉兴	成都	苏州	福建

① 刘新成. 有关国家文化中心建设的几个问题[J]. 民主，2011（10）：5-6.

② 文慧生. "十三五"时期北京将加强文化中心建设[J]. 科技智囊，2016（9）：66-67.

③ 王文娜. 高校校园文化助力文化铸市战略实施的思考[J]. 产业与科技论坛，2015（14）：168-169.

续表

排名	综合竞争力	文化竞争力	创新指数	创意指数	区域国际人才竞争指数
9	苏州	荆门	武汉	天津	四川
10	南京	潮州	西安	台北	云南

资料来源：根据互联网公开资料整理。

　　表 2.2 北京在各项竞争指数的排名（2017）所反映出来的信息显示，首都北京的文化建设发展基础比较雄厚，竞争实力比较强。但是全国文化中心建设没有"完成时"，北京责无旁贷地应当率先破解当前的价值重建难题，承担"首善之区"的历史使命。[①]

二、殿堂与平台：高校文化资源优势及存量盘活

　　北京作为全国的"首善之区"，它的定位是全国的政治、文化、科技中心，聚集了大量的，且质量非常高的高等教育资源。[②] 在最新公布的 2018 年的中国大学综合实力排行榜 100 强中北京地区入选 21 所，北大、清华、人大更是作为世界一流大学占据了前 10 名中的三甲。而在第四轮学科评估学校整体得分的排行榜中，包括清华、北大、北师大、北航在内的多所大学排名位于前列。而在"双一流"大学的建设中，北京高校包括了清华、北大、北航、北师大、北理工、人大、中央民族大学、中国农业大学在内的多所院校入围，并且位于前列。

　　在京高校不仅拥有数量众多的图书馆、体育馆、音乐厅等先进文化设施，而且高校作为人才荟萃之地，为公共文化活动提供了丰沛的人才支撑。据统计，目前北京地区高校共计 78 所，其中教育部直属高校 25 所，北京市市属市管高校 41 所，国务院委办

---

① 刘新成. 有关国家文化中心建设的几个问题》[J]. 民主，2011（10）.

② 民盟北京市委员会. 探索首都高校资源共享机制[J]. 北京观察，2012（6）.

属院校 12 所，这些高校涵盖了文、法、理、工、农、医等各个学科（详见表 2.3）。

表 2.3　北京地区高校城市空间分布表

	1. 教育部直属院校（25 所）		
序号	学校名称	城市空间	性质
1	北京大学	北京市海淀区颐和园路 5 号	综合大学
2	中国人民大学	北京市海淀区中关村大街 59 号	综合大学
3	清华大学	北京市海淀区清华园	理工院校
4	北京交通大学	北京市海淀区西直门外上园村 3 号	理工院校
5	北京科技大学	北京市海淀区学院路街道办事处北科大社区居委会	理工院校
6	北京化工大学	北京市朝阳区和平街街道办事处樱花园社区居委会	理工院校
7	北京邮电大学	北京市海淀区西土城路 10 号	理工院校
8	中国农业大学	北京海淀区清华东路 17 号	农业院校
9	北京林业大学	北京市海淀区清华东路 35 号	林业院校
10	北京中医药大学	北京市朝阳区北三环东路 11 号	医药院校
11	北京师范大学	北京市新街口外大街 19 号	师范院校
12	北京外国语大学	北京市海淀区西三环北路 2 号、19 号	语文院校
13	北京语言大学	北京市海淀区学院路 15 号	语文院校
14	中国传媒大学	北京市朝阳区三间房地区办事处定南里社区居委会	语文院校
15	中央财经大学	北京市海淀区学院南路 39 号	财经院校
16	对外经济贸易大学	北京市朝阳区惠新东街十号	财经院校
17	国际关系学院	北京市海淀区坡上村 12 号	政法院校
18	中央音乐学院	北京市西城区鲍家街 43 号	艺术院校
19	中央美术学院	北京市朝阳区花家地南街 8 号	艺术院校
20	中央戏剧学院	北京市东城区东棉花胡同 39 号	艺术院校
21	中国政法大学	北京市昌平区府学路 27 号	政法院校
22	华北电力大学	北京市昌平区北农路 2 号	理工院校
23	中国矿业大学（北京）	北京市海淀区学院路丁 11 号	理工院校

序号	学校名称	城市空间	性质
24	中国石油大学（北京）	北京市昌平区府学路 18 号	理工院校
25	中国地质大学（北京）	北京市海淀区学院路 29 号	理工院校
\multicolumn{4}{c}{2. 市属市管院校（40 所）}

序号	学校中文名称	城市空间	性质
26	北京工业大学	北京市朝阳区平乐园 100 号	理工院校
27	北方工业大学	北京市石景山区晋元庄路 5 号	理工院校
28	北京工商大学	北京市海淀区阜成路 33 号	财经院校
29	北京建筑大学	北京市西城区展览馆路 1 号	理工院校
30	首都医科大学	北京市丰台区右安门外西头条 10 号	医药院校
31	首都师范大学	北京市海淀区西三环北路 105 号	师范院校
32	首都经济贸易大学	北京市丰台区张家路口 121 号	财经院校
33	北京信息科技大学	北京市海淀区清河小营东路 12 号	理工院校
34	北京联合大学	北京市朝阳区北四环东路 97 号	综合大学
35	北京工业职业技术学院	北京市石景山区石门路 368 号	理工院校
36	北京信息职业技术学院	北京市朝阳区芳园西路 5 号	理工院校
37	北京电子科技职业学院	北京经济技术开发区凉水河一街 9 号	理工院校
38	北京京北职业技术学院	怀柔区小中富乐一区 188 号	理工院校
39	北京交通职业技术学院	北京市昌平区邓庄村东	理工院校
40	北京农业职业学院	北京市房山区长阳镇稻田南里 5 号	农业院校
41	北京政法职业学院	北京市朝阳区管庄南街 1 号	政法院校
42	北京财贸职业学院	北京市通州区北关大街 88 号	财经院校
43	北京戏曲艺术职业学院	北京市丰台区马家堡东里 8 号	艺术院校
44	北京经济管理职业学院	北京市朝阳区花家地街 19 号	财经院校
45	北京劳动保障职业学院	北京市朝阳区惠新东街 5 号； 昌平区南口路 32 号	财经院校
46	北京社会管理职业学院	北京东燕郊开发区燕灵路 2 号	政法院校
47	北京体育职业学院	北京市丰台区光彩北路 4 号	体育院校
48	北京交通运输职业学院	北京市大兴区黄村滨河路 3 号	理工院校
49	北京卫生职业学院	北京市西城区南横西街 94 号	医药院校
50	北京青年政治学院	北京市朝阳区花家地街 9 号	语文院校

序号	学校名称	城市空间	性质
51	北京科技大学延庆分校	北京市延庆区庆园街 69 号	理工院校
52	首都经济贸易大学密云分校	北京市密云区西大桥路 7 号	财经院校
53	北京工业大学通州分校	北京市通州区潞苑南大街 89 号	理工院校
54	北京服装学院	北京市朝阳区樱花东街甲 2 号	理工院校
55	北京印刷学院	北京市大兴区兴华大街（二段）1 号	理工院校
56	北京石油化工学院	北京市大兴区黄村镇清源北路 19 号	理工院校
57	北京农学院	北京市昌平区回龙观镇北农路 7 号	农业院校
58	首都体育学院	北京市海淀区北三环西路 11 号	体育院校
59	北京第二外国语学院	朝阳区定福庄南里 1 号	语文院校
60	北京物资学院	北京市通州区富河大街 321 号	财经院校
61	中国音乐学院	北京市朝阳区安翔路 1 号	艺术院校
62	中国戏曲学院	北京市丰台区万泉寺 400 号	艺术院校
63	北京电影学院	北京市海淀区西土城路 4 号	艺术院校
64	北京舞蹈学院	北京市海淀区万寿寺路 1 号	艺术院校
65	首钢工学院	北京市石景山区晋元庄路 6 号	理工院校
66	北京警察学院	昌平区南口镇南涧路 11 号	政法院校

3.国务院委办属院校（12 所）

序号	学校名称	城市空间	性质
67	北京航空航天大学	北京市海淀区学院路 37 号	理工院校
68	北京理工大学	北京市海淀区中关村南大街 5 号	理工院校
69	中国人民公安大学	北京市西城区木樨地南里 1 号	政法院校
70	北京体育大学	北京市海淀区信息路 48 号	体育院校
71	中央民族大学	北京市海淀区中关村南大街 27 号	民族院校
72	中国科学院大学	北京市石景山区玉泉路 19 号甲	综合大学
73	北京电子科技学院	北京市丰台区富丰路 7 号	理工院校
74	北京协和医学院	北京市东城区东单三条 9 号	医药院校
75	外交学院	北京市西城区展览馆路 24 号	语文院校
76	中华女子学院	北京市朝阳区育慧东路 1 号	语文院校
77	中国青年政治学院	北京市海淀区西三环北路 25 号	政法院校
78	中国劳动关系学院	北京海淀区增光路 45 号	政法院校

数据来源：北京市教委网站，截止时间 2016 年 3 月 9 日。

　　而且相对于国内的其他省市，北京高校的数量与质量都遥遥领先，这样的高校资源优势是其他省份无法比拟的，表2.4列出了全国各省市的高校数量、985高校的数量、211高校的数量以及"双一流"大学的数量。

表2.4　中国各省市各类大学数量（2016年）

省份	高校数量	985数量	211数量	"双一流"数量
北京	91	8	26	34
天津	55	2	3	5
河北	120	0	1	1
山西	80	0	1	1
内蒙古	53	0	1	1
辽宁	116	2	3	4
吉林	60	1	3	3
黑龙江	82	1	4	4
上海	64	4	10	14
江苏	166	2	11	15
浙江	107	1	1	3
安徽	119	1	3	3
福建	88	1	2	2
江西	98	0	1	1
山东	144	2	3	3
河南	129	0	1	2
湖北	128	2	7	7
湖南	123	3	4	4
广东	147	2	4	5
广西	73	0	1	1
海南	18	0	1	1
重庆	65	1	2	2
四川	109	2	5	8
贵州	64	0	1	1
云南	72	0	1	1
西藏	7	0	1	1

省份	高校数量	985 数量	211 数量	"双一流"数量
陕西	93	3	8	8
甘肃	49	1	1	1
青海	12	0	1	1
宁夏	18	0	1	1
新疆	46	0	2	2

资料来源：根据互联网公开资料整理。

从表 2.4 可以看出北京的高校数量，985 数量、211 数量、"双一流"数量基本都名列前茅，这就体现出北京教育资源的优厚。

而"隐藏"在北京高校里的博物馆、艺术馆、图书馆又有很多，其资源对于社会的开放度很大程度上影响到大学与城市文化的交流。而且在中国地质大学（北京）、北大、清华、北航等高校的共同发起下，成立了北京高校博物馆联盟，积极发挥了博物馆在完善公共文化服务体系，促进社会主义文化大发展大繁荣中的作用。[①] 北京高校内现有的博物馆如表 2.5 所示。

表2.5 北京高校博物馆分布状况

大学	博物馆	开放时间	门票
清华大学	艺术博物馆	9:00~17:00 周一闭馆（法定节假日除外），除夕至初十闭馆	普通门票：20元/人 特展门票：60元/人
	清华大学标本馆	提前预约参观，寒暑假及法定节假日闭馆	免费
北京大学	赛克勒考古与艺术博物馆	9:00~17:00	免费
	北京大学地质博物馆	周一至周五：9:00~11:30，13:30~17:00 周六：9:30~16:30	

---

① 李海楠. 北京肩负"文化改革试验田"重任[J]. 中国经济时报，2011年第22版.

续表

大学	博物馆	开放时间	门票
中国人民大学	中国人民大学博物馆	每周一、周三、周五 14:00~16:30（寒暑假及法定节假日闭馆）	免费
中国传媒大学	传媒博物馆	9:00~16:30（周一至周五、寒暑假除外）	免费
	广告博物馆	9:00~17:00（周一展览关闭）	
	口述历史博物馆	9:00~16:30（周一至周五、寒暑假除外）	
北京航空航天大学	航空航天博物馆	周二、周六 8:00~12:00（需提前预约）	免费
	北航艺术馆	周一至周日 9:30~17:30	免费
中央美术学院	美术馆	9:30~17:30（周一闭馆）	普通票15元，优惠票10元
中央民族大学	民族博物馆	每周一、二、四 8:30~11:30，14:00~17:00 每周三、五 8:30~11:30 法定节假日及寒暑假闭馆	10元
首都师范大学	书法文化博物馆	需提前预约，只接受团体参观	免费
中国农业大学	昆虫标本馆	周一至周五 9:00~11:30，14:30~17:30	免费
	饲料博物馆		
北京中医药大学	中医药博物馆	每周一、三、五、六 8:30~16:30	免费
北京印刷学院	中国印刷博物馆	9:00~16:30 每周一及春节期间闭馆	免费
北京服装学院	民族服饰博物馆	周二、四 8:30~11:30，13:30~16:30 周六 13:30~16:30	免费
中国地质大学	中国地质大学（北京）博物馆	周一至周六，周二下午不对外开放	免费
北京林业大学	标本馆	周二至周五 8:30~11:30，14:00~17:00	免费
北京物流学院	物流博物馆	周一至周五 9:00~12:00，14:30~16:30 开放，需提前预约	免费
首都体育学院	奥林匹克博物馆	只接受团队预约	免费

资料来源：根据互联网公开资料整理。

当然这仅仅是其中的一部分，北京高校的博物馆作为高校文化和城市文化的互动载体还是发挥了一定的作用的。[①]

另外一个作用于高校与城市文化交流的载体是大学艺术馆，如北京航空航天大学艺术馆、北京理工大学艺术馆等。而对于图书馆来说，因为各种原因，其开放程度与对外的交流程度就要差点，虽然现在成立了北京高校的图书馆联盟，也建立了北京高校网络图书馆服务，而营造一个适当开放的图书馆开放体系应该是各个高校追求的目标，但在这个过程中需要克服各种困难。

此外，近年来北京高校的科技创新的思路也发生了一定改观，以前追求的是科技项目本身，现在其创新工作模式的主导转变为优化配置科技教育资源，积极盘活高校的各种科技、文化、教育资源，从而提高科研水平，发挥北京高校在城市文化建设中的创新作用，为首都作为全国文化中心建设培养创新性人才。为了实现这个目标，北京市教委已经推动各部门积极开展合作与沟通，促进政府、高校、企业的合作，促进"产学研"模式的完善与发展，引导首都高校将研究成果转化到首都的科技文化建设中去。虽然说北京高校资源雄厚，人才密集，学术氛围浓厚，创新能力较强，但是科技成果的转化却比较薄弱，需要得到进一步强化，需要鼓励高校开展"技术合作""合同转让"，设立专项经费，对发明专利给予一定资助。

三、历史与创享：首都高校发展与全国文化中心建设

第一，在"互联网+"大背景下，北京作为首都，在全国文化中心的建设中面临着新的机遇与挑战。北京应该紧紧抓住首都丰富的文化资源和优质的人才智力资源优势，包括各类高校的发展、

---

① 唐鑫，李茂. 北京公共文化设施与服务的问题、原因及对策[J]. 中国市场，2014（3）: 106-113.

各类科研院所的贡献，不仅加紧建设全国文化中心，更要成为中国对外文化交流的领头者与示范者。[①]

　　近些年来，北京大力加强宣传思想文化工作，坚持中国特色社会主义文化发展道路，推进全国文化中心建设，取得了丰硕的文化成果。包括巩固和落实"北京榜样""百姓宣讲""中国梦365个故事"等品牌活动；丰富的学雷锋志愿活动，深入开展群众精神文明建设活动；加强舆论阵营管理，强化网络生态的管理；加强全民健身活动，促进体育事业的发展；保护历史文化遗产，构建长城文化带、大运河文化带和西山永定河文化带建设；推动文创园区和产业的发展，激发文化创造活力，传播中华文化，讲好中国故事，塑造美好的大国形象。[②]

　　文化消费作为文化中心城市建设的核心要素的重要组成部分，近些年来北京不断促进文化消费的经济增长，同时也不断满足人民群众丰富多彩的文化需求，寻求文化供给与需求方面的平衡。[③]要加强全国文化中心建设，首先要利用"互联网+"促进消费升级。北京近些年的文化消费情况如表2.6所示。

表2.6　北京市民教育、文化和娱乐支出情况

年份	人均教育、文化、娱乐消费支出（元）	人均消费支出（元）	占比（%）	商品消费价格指数（上年=100）
2014	3268.3	31102.9	10.51	103.2
2015	3634.6	33802.8	10.75	100.8
2016	3686.6	35415.7	10.41	98.3

资料来源：中国统计年鉴2015—2017。

① 王林生，金元浦."互联网+"和"双创"时代的全国文化中心建设——2014—2015年人文北京研究综述[J]. 北京联合大学学报（人文社会科学版），2015年第13版.

② 2017北京市第十二次党代会工作报告.

③ 徐翔，李建盛. 北京推进全国文化中心建设的战略审视[J]. 城市，2011（10）.

根据表 2.6 可以看出，近些年来北京的文化消费支出整体占比达到 10% 左右，说明人们的文化消费意识与文化消费水平正在不断地上升。

根据 2016 年中国人民大学主办的北京文博会品牌活动——"文化中国：2016 中国文化产业指数发布"，发布会上发布的"中国省市文化产业发展指数（2016）"和"中国文化消费发展指数（2016）"，见图 2.2。我们可以看出北京在文化消费综合指数排名全国第一，这很好地显示了北京作为全国文化中心，其文化消费的潜力巨大，前景十分美好。

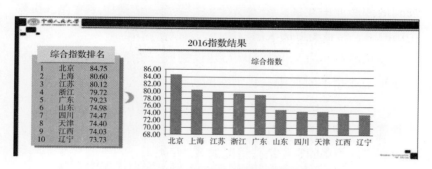

图 2.2 2016 年中国文化消费综合指数排名

资料来源："文化中国：2016 中国文化产业指数发布"。

第二，对于北京来说，应该推进历史名城的保护和优秀传统文化的继承与发展。一方面要加强政策措施的落实，另一方面对于非物质文化遗产的保护力度要加大。要推动国家级的历史文化遗产的保护，在整体保护历史名城以及延续城市文脉的指导理念下，不断完善以及规范相应的保护措施。[①] 例如在《我在故宫修文物》纪录片中呈现的一样，那些文物修复工作者遵照的文物工作方针就是"保护为主，抢救第一，合理利用，加强管理"。而他们

---

① 李建盛，陈玲玲. 北京公共文化服务体系与惠民工程建设[M]. 北京：知识产权出版社，2013：135–136.

也提及对于文物的修复这项工作，现在的专业人才很是缺乏，要在不破坏它原有造型的前提下，对文物进行保护，还需要培养大量的人才来承担这项工作。

第三，需要完善相应的公共文化服务政策，更好的构建公共文化服务体系。北京近些年围绕全国文化中心的城市功能定位，在市委市政府的领导下，制定了"1+3"的公共服务政策文件，"1"是指《北京市人民政府关于进一步加强基层公共文化建设的意见》，"3"是指《首都公共文化服务示范区创建方案》《北京市基层公共文化设施建设标准》以及《北京市基层公共文化设施服务规范》。同时加强了公共服务惠民工程的建设，提升了建设水平，图 2.3 显示了近几年北京的公共文化设施建设情况。①

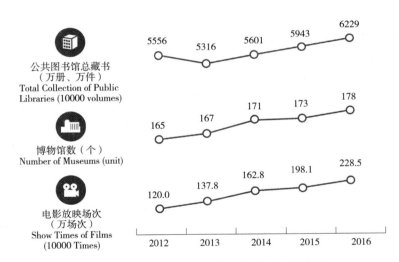

图 2.3　北京市近几年公共文化设施数量变化

资料来源：北京统计年鉴 2017。

上图显示了近几年北京的公共基层文化设施的变化情况，整体上呈现不断上升的趋势。公共图书馆的存书数量由 2012 年的

---

① 出政策建机制搭平台树品牌育人才着力构建首都现代公共文化服务体系.

5556 万件上升到 2016 年的 6229 万件，博物馆数量由 2012 年的 165 个上升到 2016 年的 178 个，电影放映场次由 2012 年的 120 万场次上升到 2016 年的 228.5 万场次。这些变化都是北京惠民文化工程采取新措施，探索新模式下取得的重要成果。

当然对于公共文化服务示范区的建设也不能停下脚步。近些年北京建设了朝阳区、东城区、海淀区、大兴区、延庆区、石景山区以及房山区等示范区。其他区域应该借助这些示范区的经验、机制，更好地结合本地区的优势，创建更多的示范区，举办系列惠民活动，从而不断满足基层大众的文化需求。①

第四，北京要建设全国的文化中心，还需要不断提高创新水平，推动文化创意产业和创意园区的发展。② 在国家出台的创新政策的引领下，建设升级版的文化创意园区，巩固文化创意产业对于推动经济社会发展的支柱作用。近些年北京的文化园区建设也取得了相应的成果，在 2017 年，7 个特色文创园区实现转型升级，包括大望路电影产业园、伊莎文心广场、启城空间、创联社、DREAM2049 国际文创产业园（双桥园区）、DREAM2049 国际文创产业园（广渠园区）以及中国电影产业孵化基地。而在文化创意产业的发展方面，北京也处于全国前列，表 2.7 显示了近几年北京规模以上文化创意产业的发展情况。

表 2.7　北京市规模以上文化创意产业状况

统计范围	年份（年）	收入合计（亿元）	同比增长（%）	从业人员（万人）	同比增长（%）
年收入 500 万元及以上的文化创意产业法人单位	2012	7414.6	10.3	99.8	6.2
	2013	10022	7.6	104.7	2.5
	2014	11029	9.5	109.7	2.2

① 首都公共文化服务示范区创建方案.

② 徐翔，李建盛. 北京推进全国文化中心建设的战略审视[J]. 城市，2011（10）.

续表

统计范围	年份 （年）	收入合计 （亿元）	同比增长 （%）	从业人员 （万人）	同比增长 （%）
营业收入 1000 万元及以上的文化创意产业法人单位或年末从业人员 50 人及以上的服务业文化创意产业法人单位	2015	10198	6.3	113.4	0.3
	2016	11917.7	8.3	117.6	−0.7
	2017 （1~11月）	13600.0	9.4	122.8	−0.3

资料来源：北京市统计局。

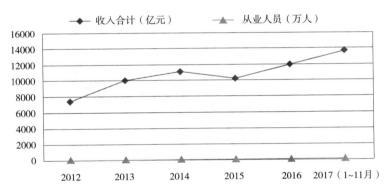

图 2.4　北京市规模以上文化创意产业情况折线图

资料来源：北京市统计局。

　　北京市的文化创意产业在"十二五"规划之后，发展呈现总体不断上升的趋势，包括营业收入和从业人员。但是我们也应该看到存在的问题，从业人员的数量不足，而且增速较慢，说明我国的文创人才还是比较匮乏的，也进一步显示出高校在培养系统性的文化人才方面的欠缺。

　　第五，要建设全国文化中心仅仅停留在国内还不够，还需要大力实施和推进文化"走出去"的战略，积极开展对外文化的交流沟通活动，增强我国文化的传播力和影响力。① 比如在世界各地开展"欢乐春节""北京周"等活动，抑或 2015 年全聚德烤鸭亮相于米兰世博会，又或者借助"一带一路"将传统文化传入沿线国家等。其次对于文化企业要给予政策和财政支持，要推动他们"走出去，走进去"，从而推动北京对外文化贸易的发展，如图 2.5 所示，近些年北京的文化产品贸易额连年增加，呈现不断递增的趋势。

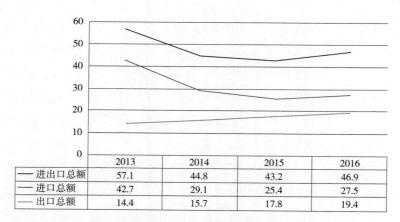

	2013	2014	2015	2016
进出口总额	57.1	44.8	43.2	46.9
进口总额	42.7	29.1	25.4	27.5
出口总额	14.4	15.7	17.8	19.4

图 2.5　北京市文化产品贸易额（2013—2016）（单位：亿美元）
资料来源：根据互联网公开资料以及《北京文化发展报告 2015—2016》整理。

四、召唤与回响：高校文化资源与首都公共文化服务体系构建

公共文化服务体系的建设是政府公共服务不可或缺的重要组成部分，它的支撑体是公共财政，主体是政府部门特别是公益性文化单位，目的是保障公民基本文化，核心要义是以社会主义核心价值观为引领，强化导向意识、阵地意识，旗帜鲜明地弘扬主

___
① 王琪延，黄羽翼. 提升北京市文化竞争力问题研究[J]. 现代管理科学，2015（1）.

旋律，传播正能量，推进基本公共文化服务标准化、均等化。①

　　国外的一些重要首都城市的公共文化服务体系的建设对于北京的公共文化服务体系的建设也提供了一定借鉴意义。首先是要积极实现服务主体的多元化，公共政策的制定要以市民需求为导向，积极发挥市场机制的作用；其次要优化布局，均衡充分发展；最后要特别注意保护文化的多样性。表 2.8 列出了世界上重要首都的公共文化服务建设情况。②

　　北京作为全国的政治中心、文化中心、国际交往中心和科技创新中心，近些年在公共文化服务体系建设方面已经取得了非常突出的成绩。首先在顶层设计方面，公共文化政策体系日益完善，出台了"1+3"的地方性文件和"2+x"的设施建设模式，为深化首都公共文化服务体系建设提供了指导和遵循。北京的公共文化设施进一步健全，基本公共文化服务水平明显提升，公共文化示范区的建设取得很大的进展。③而且也有很多突出的亮点特色鲜明，剧院的运营服务平台初具政府的公益性品牌，本土化特色日益体现，并且打通了市民享受基本的公共文化服务的"最后一公里"。④但是同时，我们应该看到北京市公共文化服务体系建设仍然存在一些不足和难题，比如发展的不协调与不平衡、供给与需求的失衡，以及管理的精准化水平不足等。为了解决这些矛盾，持续增进人民福祉，北京的高校也可以为首都公共文化服务体系建设贡献力量。

---

① 李建盛，陈玲玲. 北京公共文化服务体系与惠民工程建设[M]. 北京：知识产权出版社，2013：65-67.

② 李建盛. 北京文化发展报告2015—2016[M]. 北京：社会科学文献出版社，2016：180-181.

③ 北京市基层公共文化设施建设标准.

④ 关于加快推进公共文化服务体系示范区建设的意见.

表2.8 世界上重要首都公共文化服务体系建设与北京的比较

首都	国家公共文化服务体系	政策和服务体系	设施体系	服务活动
伦敦	英国：1. 中央政府的职能部门 2. 地方政府和文化艺术委员会 3. 地方文化艺术委员会	1. 善于把文化品牌塑造和自然环境、文化遗产的保护结合 2. 注重城市设计和创新 3. 注重文化多样性与融合 4. 重视草根文化和地下艺术	以泰晤士河为中轴，形成五个不同主题的文化景观区域	弗瑞兹艺术博览会、伦敦设计节、伦敦时尚装局，伦敦电影节等
巴黎	法国：三部分 1. 中央政府的职能部门 2. 文化通信部直属文化单位和地方政府的文化机构 3. 各类非政府的文化协会、社团和基金会	1. 重视文化遗产保护，弘扬民族文化 2. 促进文化的民主化 3. 坚持时尚之都的打造 4. 文化规划辐射到多个副中心 5. 吸引私人和团体投资公共艺术	众多直属法国文化通信部的国家级公共文化设施	当代艺术国际博览会、巴黎艺术、巴黎不眠夜、巴黎摄影展等
柏林	德国：相对独立的三部分： 1. 中央政府的职能部门 2. 州和直辖市的文化部门 3. 非政府文化机构	非政府机构组织搭建起来	1. 利用大量代表国家形象的行政、教育、文化设施来体现新的城市特色 2. 充分利用历史遗留设施 3. 批判性重建的原则 4. 善于构筑公共文化设施集群	柏林双年展，设计之都、柏林电影节、柏林音乐节、森林音乐之夜、"博物馆长夜"

续表

首都	国家公共文化服务体系	政策和服务体系	设施体系	服务活动
华盛顿	美国: 相对独立的三级体系: 1. 中央政府的职能部门 2. 州、市级的文化艺术委员会、文化与艺术事务办公室 3. 民间非营利性文化机构	1. 修建和均衡文化艺术设施 2. 让艺术更"醒目" 3. 处理好艺术与经济的关系 4. 加强对文化艺术的支持	美国所独创的重叠分区规划 法建立两个艺术区	林肯诞辰纪念日活动、郁金香节、汤森港电影节、中国文化节
东京	三个层次: 1. 中央政府的职能部门 2. 地方政府管理文化事务的各级部门 3. 社区组织和其他非政府组织	1. 国立美术馆、文物机构 2. 受政府指导的财团建设 3. 各类民间组织、财团、企业的开发 4. 社区自发的公共文化服务	有意的兴建一批文化设施的集聚区	东京电影节、东京国际动画节、东京马拉松赛
北京	以政府为主导,以公共财政为支撑,以公益性文化事业单位为骨干	以政府为主导,以公共财政为支撑,以公益性文化服务体系与惠民工程建设	公益性、均等性、基本性、便利性	北京国际马拉松、北京奥运会、北京冬奥会

资料来源: 李建盛、陈羚羚《北京公共文化服务体系与惠民工程建设》。

作为文化中心建设的重要力量，高校文化资源的适当开发与充分利用将为北京市的公共文化服务体系的建设提供巨大的支撑力量，做出重要的贡献。

首先，构建一个高校文化资源利用体系有利于共建首都公共文化服务体系。目前我国已经基本形成了覆盖城乡的公共文化服务网络——"国家—省—市—县—乡—村"的六级网络结构。[①]北京也可以建立起一个相似的高校文化资源利用体系，将高校的文化资源利用到北京市、下属县、下属乡村的建设与发展之中。这样的体系有助于公民享受标准化、均等化的高校文化成果，例如"延庆模式"，北京的一些高校的某个学院就承包某个村落，为他们进行"美丽乡村"的建设做出自己的一些贡献。虽然在北京有类似于高校博物馆联盟、高校图书馆联盟以及网络图书馆这样的文化资源共享系统，但是这些资源的开放程度仍有待提升，而且这些联盟所发挥的作用也值得我们进一步去挖掘，所以何不尝试将高校的图书馆、博物馆、艺术馆以及一些教学资源等文化资源构建一个高校文化资源体系？这样就会更加规范化、体系化，大众利用起来更加方便，更加得心应手。公共文化体系现代化的过程，也是公共文化提供主体的多元化过程。在传统的公共文化体系建设模式中，文化产品和服务完全由政府主导，没有其他任何主体的参与，导致了许多弊端和问题，例如，公共文化同质性突出，公共文化个性化缺乏，公共文化服务创新性不够等。这些问题的存在，直接影响了公共文化体系建设的质量和成效，也无法满足人民群众日益增长的美好文化需要。尽管首都的公共文化体系建设已经吸纳了一些非营利组织等社会力量参与其中，但参与广度和深度依然处于较低的水平。从国际上看，现代公共文化体

---

① 王红兵. 打造"四大平台"努力保障市民基本文化权益——关于构建首都中心城区公共文化服务体系的思考[J]. 前线，2008（4）：43-45.

系呈现出愈来愈多元化的趋势，不再是政府一家来提供公共文化产品和服务，公共文化产品供给的多元化成为公共文化体系现代化最重要的特征之一。首都北京高校林立，高校图书馆、博物馆、艺术馆、文化课程等文化资源极其丰富，而且呈现出明显的多样化和活跃性的特征。如果将这些丰富的文化资源向社会开放，让首都群众都能共享，必将促进首都公共文化体系现代化，大大提升首都公共文化体系建设的层次。

其次，高校的文化资源是公共文化服务的重要内容。文化服务首先要关注的是内容服务。高校文化资源作为现代社会文化的重要组成部分，它也是公共文化服务的重要建设点。充分利用高校的文化资源，就是建设公共文化服务的内容，也是保证首都的公共文化服务的质量与效能。高校的博物馆、图书馆、艺术馆等应该更加开放，为广大市民感受大学魅力、共享大学文化建设的成果提供空间与平台，也可以为普通民众提供丰富的、优良的公共文化服务产品与服务。随着中国进入新时代，经济社会发展水平不断提高，民众文化消费品位逐步提升，人们对高品质公共文化产品和服务的需求也逐渐增长，公共文化的供给侧改革就提上了议事日程。值得注意的是，相对于其他城市而言，首都民众对公共文化产品和服务的新需求更加旺盛，供给侧改革的紧迫性更为强烈。首都高校参与公共文化体系的建设，有利于推进首都公共文化服务的供给侧改革，提供更多的、民众更加需要的公共文化产品和服务。一方面，首都高校参与公共文化体系建设有利于形成更多的公共文化资源。在政府提供公共文化产品的基础上，大批高校以各种不同形式将其丰富的文化资源向社会开放，让民众可以使用更大的公共文化空间，大幅增加可以享受的文化资源总量。另一方面，高校文化资源品质优良，并具有很强的独特性，将高校文化资源与社会文化资源进行有机整合，可以满足社会民众不同层次、独具个性的文化需求。

最后，充分利用高校文化资源就是践行公共文化服务。北京高校的数量以及质量在全国名列前茅，每年国家对其进行的科研投入的资金支持的力度也是极大的，但是有很多的研究成果却没有很好的转化到社会利用中去，这样就让一些资源失去了公共文化服务的功能。因此，高校的老师和学生应该更加积极地承担起社会责任，在发展自身研究成果的同时，也将更多的成果转化出去。而高校的一些硬件设施也应该更好地承担起社会公共文化服务的功能，将二者有机统一，更好地为广大市民提供惠民文化服务。

事实上，高校参与公共文化服务体系建设也有利于高校自身的发展，有利于实现首都高校大学文化的开放化。《国家中长期教育改革与发展规划纲要（2010—2020年）》提出了建设开放大学的战略任务，以促进我国终身教育体系和学习型社会的构建。在此背景下，文化建设就成了建设开放大学的重要任务。高校要建成开放的大学，就必须开放大学的文化资源。首都高校大学文化的开放性还有待进一步提高。首都高校拥有丰富的文化资源，但这些资源一般都局限于校内教职工和学生使用，普通社会民众很难接触到，许多人甚至都不了解高校有哪些文化资源。如果建立起高校参与公共文化体系建设的稳定制度，让社会公众来分享高校的图书馆资源、博物馆资源、艺术馆资源、剧场（音乐厅）资源以及人文艺术课程等各类文化平台的资源，必将提升大学文化的开放性和包容性，促进首都高校大学文化的开放化进程。

第三章　首都公共文化体系中高校参与及作用发挥现状与问题

党的十九大报告指出，中国特色社会主义进入新时代，我国社会的主要矛盾已经转化为人民日益增长的美好生活需要和不平衡不充分的发展之间的矛盾。面对人民群众日益增长的精神文化需要，需要积极构建更完善的公共文化服务体系。其中，加大高校的参与力度，无论是从人才的智力支持力度还是设施设备的完善程度方面都有很大的改进空间。

公共文化服务体系必须体现多样性。社会中的每个居民都是独立的个体，有独具特色的公共文化服务需求。因此构建公共文化服务体系必须在坚持国家意识形态和主流价值观的基础上，实现公共文化服务主体、内容、形式、手段的多元化和多样化，满足公众多方面、多层次的精神文明需求。

对公共文化活动项目的需求因人而异，须根据不同群体尤其是特殊群体的特点和需求，设置不同的公共文化活动项目。我国《公共文化服务保障法》将公共文化服务划分为公共文化设施、文化产品、文化活动以及其他相关服务。从载体性质来看，可以划分为两大类：一是物质性的公共文化服务，即公共文化设施和产品；二是非物质性的公共文化服务，即公共文化活动。因此，本课题拟根据此分类标准，从公共文化服务设施和公共文化服务活动两个方面展开分析。

近年来，北京市加大公共文化体系构建力度，先后推出《北京市人民政府关于进一步加强基层公共文化建设的意见》和《首都公共文化服务示范区创建方案》《北京市基层公共文化设施建设标准》《北京市基层公共文化设施服务规范》3 个支撑文件，通过"1+3"公共文化文件等一系列政策措施，聚焦基层公共文化建设，在标准化、均等化、社会化、数字化等七个方面和运营保障等不同角度提出实施路径和方法,提升相对薄弱的基层公共文化服务。[①]在公共文化体系建设取得可喜进展的同时，不可否认，面对城市人口数量不断攀升，北京作为超大城市，公共文化工作面临新的挑战。

现有公共文化服务对北京市建设全国文化中心的支撑度有待提升。北京市公共文化供给总体规模相对不足，公共文化水平有待提高。特别是近年来，随着北京常住人口规模持续高速增长，使得北京市公共文化基本服务设施面临巨大压力。据统计，截至 2015 年年末北京市常住人口 2170.5 万人，比 2014 年年末增加18.9 万人。其中，常住外来人口 822.6 万人，占常住人口的比重为37.9%。常住人口中，城镇人口 1877.7 万人，占常住人口的比重为86.5%。常住人口密度为每平方公里 1323 人。[②] 与此相对应的是公共文化设施的数据（见表 3.1），从人口数量与群艺馆等公共文化设施的数量比较可以看出，公共文化设施承载量与现实人口数量之间存在着巨大的缺口。

表 3.1　北京地区群艺馆等公共文化设施数量

公共文化设施	数量（个）	备注
群众艺术馆	1	
文化馆	19	

---

① 本市率先制定"1+3"公共文化政策[OL]. 新华网. http://news.xinhuanet.com/local/2015−06/12/c_127906426.htm.

② 北京市统计局，国家统计局北京调查总队. 北京市2015年暨"十二五"时期国民经济和社会发展统计公报[OL]. 首都之窗网站.

续表

公共文化设施	数量（个）	备注
文化站	329	
公共图书馆	25	
博物馆	173	其中免费开放 80 个

数据来源：《北京市 2015 年文化发展概况》，北京市文化局网站，截至 2015 年年底。

公共文化服务对广大市民优质、多样化需求的适应度有待提高。当前，面对城市常住人口不断攀升，市民思想观念和审美趣味日趋活跃、价值取向主流和非主流同时并存的新形势，部分公共文化活动特色不够鲜明、缺乏时代感、缺少吸引力，还停留在20 世纪 80 年代的节目水准上，与构建首都全国文化中心的发展需求不相适应。针对北京公共文化体系构建面临的挑战和问题，在资源有限的条件下，急需打破部门条块限制，汇聚社会各方、各部门公共文化资源力量，通过统筹协同机制的不断创新实践，推进北京地区公共文化服务水平、服务质量迈向新台阶。

北京作为文化中心和教育中心，高校林立。高校中往往具备丰富的文献资源、立体化先进的数字资源，专业技能过硬的人才队伍，广阔的交流平台和现代化的设备，对当代社会的公共文化需要能够及时有效的回应，同时提供相应的支持和服务，对现代公共文化服务体系构建的完善能够提供大力支持。

一、研究设计与实施

为了解北京市公共文化服务机制的运行状况，课题组采用调查问卷为主，辅以座谈会、访谈等形式，旨在了解北京市高校参与公共文化服务体系与公共文化服务需求表达机制的现状，为有针对性地完善公共文化服务体系建设、提高公共文化服务效能提供有益参考。

调查问卷总体上可分为五个部分。

第一部分主要是针对高校行政人员进行发放，旨在了解首都高校在公共文化服务体系建设中的参与现状。主要包括在公共文化服务体系建设中，高校起到的助益、扮演的角色、遇到的困难以及改进建议等方面。

第二部分主要针对普通社会公众进行发放，旨在了解公众享用与参与公共文化服务体系的状况。主要包括不同职业、年龄段、生活区域的公众文化活动现状，在公共文化服务体系中的参与度，对高校参与公共文化服务体系建设的意见和看法等方面。

第三部分主要针对政府公务人员进行发放，旨在探究政府支持高校参与公共文化服务体系的抓手所在。意在摸清政府对高校参与公共文化服务体系的认可程度，对首都高校参与公共文化服务体系的意见，从而进一步优化政府对高校参与公共文化服务体系建设的支持渠道。

第四部分主要针对企业管理人员进行发放，旨在了解企业参与公共文化服务体系的现状。主要包括企业参与公共文化服务体系的收益所在、在公共文化服务体系中扮演的角色、未来的改进方向等。

第五部分主要针对高校教学科研人员、学生进行发放，旨在了解在公共文化服务体系建设中高校文化活动的开展和参与状况。主要包括教学科研人员、学生在校内公共文化活动中的参与频率，对所在高校文化类服务队伍建设的评价，对所在高校公共文化活动开展的改进意见等。

本课题的调查范围主要涵盖北京高校较为集中的海淀区、东城区和西城区，以及通州区、昌平区、大兴区等其他区域，采用随机抽样方法，向受访者发放调查问卷，回收有效率为92%；同时以移动互联网"问卷星"的方式广泛开展网络问卷调查，取得了大量数据样本。

本课题组举办"高校与首都公共文化服务体系建设"专家学

术研讨会 1 次，来自中国人民大学、北京航空航天大学、中国农业大学、中国传媒大学、中央财经大学、对外经济贸易大学、北京交通大学、北京林业大学、首都师范大学、北京第二外国语大学、北京顺义区委、北京教育杂志社等单位的 16 位专家学者，就高校服务首都公共文化服务体系、提升高校促进全国文化中心建设的能力等方面的问题进行深入研讨，取得了丰厚的会议成果。

　　课题组本次问卷调查样本状况如图 3.1 所示，80% 以上的受调查者在海淀区，女性受调查者占比略高于男性，性别分布总体均衡。

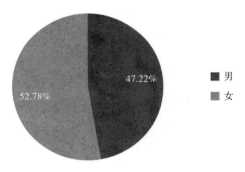

图 3.1　样本的性别分布图

　　超过 60% 的受调查者的职业是高校教学科研岗教师及在校生，占比 66.06%，社会公众占比 16.51%。此外，课题组本次调查还涵盖了高校行政人员、政府文化相关部门职员和企业文化相关部门职员等职业类别。

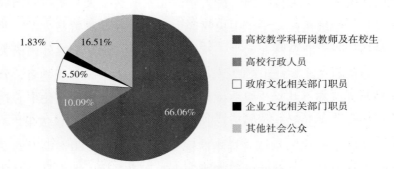

图 3.2　样本的职业分布图

　　课题组本次调查对象主要集中在 19~25 岁以及 26~40 岁年龄段，分别占比 86.11% 和 9.72%，样本总体呈现出年轻化的特点。

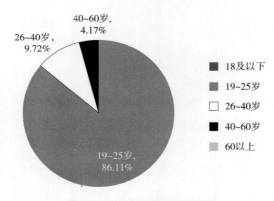

图 3.3　样本的年龄分布图

二、高校现状梳理

1. 高校分布

　　北京作为中国的教育中心，拥有良好的教学环境和科研氛围，为高校的建立和发展带来了集群效应。北京涵盖教育部属、中央其他部委属和北京市属等性质的高校上百所，学科专业涵盖综合类、理工类、师范类、农林类、政法类、艺术类、财经类等主要门类。首都高校不仅在数量上占据全国优势地位，教学质量同样居于领先地位。据统计北京共有 36 所第一批本科院校，其中北京大学、清华大学、中国人民大学、北京师范大学、中国农业大学和北京航空航天大学这 6 所大学入选"双一流"建设高校名单。由此可见，北京高校资源储量居全国首位，将首都高校纳入公共文化服务体系建设可以在全国范围内发挥良好的示范和引领作用。

北京市属高校对北京文化的认同感往往高于其他类型的高校。课题组本次调研范围涵盖的主要是教育部属高校，占比 45.45%。中央其他部委属和北京市属高校占比均较低。将首都高校纳入公共文化服务体系时，需要着力加强高校对北京文化的认同感和归属感，营造积极参与的良好观念。

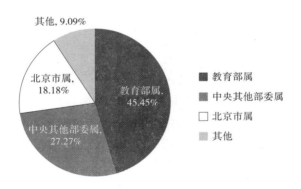

图 3.4　高校隶属机构分布图

高校的综合实力直接影响其参与公共文化体系的程度和水平。课题组本次调研涵盖的高校办学水平和综合实力总体较强，211、985 高校合计占比超过 40%，入选"双一流"学科建设高校占比接近 30%，以综合类和理工类高校为主。北京作为文化中心，聚集了大量一流高校，能为公共文化体系的优化和完善构建良好的造血机制。

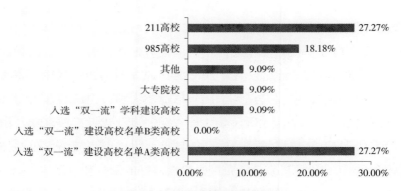

图 3.5　高校所属类别分布图

2. 硬件设施

为满足教学和科研的需要，高校配备多样化的文化场馆设施，如图书馆、博物馆、艺术馆、体育馆、音乐厅、科技馆、校史馆等场馆。与公共图书馆、群艺馆等校外场馆相比，高校文化硬件设施具有设备先进、馆藏资源丰富、资源更新率高、管理人员完备，以及具有特色性的优势。

另外，由于学生群体的活跃性和创造性，校内艺术类场馆举办的文化活动往往呈现精品化、高频化和创意性的特征，能够充分彰显出先进文化的风貌和精髓。但在学生上课高峰期或节假日等时间段，这些设施先进、建设一流的场馆往往会被闲置，相关文化类活动参与人数不足，导致高校文化资源利用率较低。课题组调研数据显示，超过半数的高校拥有图书馆、校史馆、体育馆和博物馆等公共文化服务场馆，且 90% 左右的高校配备图书馆、文化艺术或体育类场馆的管理人员，另外还有接近 40% 的高校拥有文化建设专设管理部门和管理人员。高校参与公共文化服务体系建设具备良好的设施和人员优势，硬件资源总体完备。

在优化高校参与公共文化服务体系的路径时，可考虑采用错峰开放的方式，将高校优质文化场馆资源更多、更广泛地惠及社会公众。在高校参与公共文化服务体系建设的过程中，最大限度地发挥文化场馆的硬件设施优势。

3. 参与路径

课题组调查数据显示，对高校当前公共文化服务现状总体比较满意。调查对象在场馆利用率和受众覆盖面方面较为满意，在资源更新率、文化场馆基础设施、管理运营现状、组织宣传力度等方面满意度一般。这暴露出当前高校参与公共文化服务时在上述相关方面还有改进的余地。数据显示，本次调查所涵盖的高校公共文化服务体系建设氛围总体一般，仅有四分之一左右的高校具有浓厚的公共文化服务体系建设氛围。在对高校参与公共文化服务体系中扮演的角色认知方面，大部分人赞同高校主要扮演合作者、倡导者和参与者的角色而非主办者和管理者。

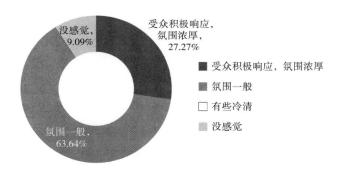

图 3.6　高校公共文化服务体系建设氛围状况图

4. 观念认识

高校开展的公共文化活动中，行政人员和学生承担了主要的工作，如策划、组织、宣传维护等琐碎的日常性行政事务。大多数高校都设有文化建设专设管理部门、文化建设专（兼）职人员、图书馆及管理人员、文化艺术或体育类场馆及管理人员、文化志愿者等机构和岗位，以开展公共文化服务活动。

该群体对高校参与公共文化服务体系建设的观点态度和认知程度直接影响着活动的实际质量和活动的影响力。调查数据显示，超过六成的高校行政人员和学生都了解"公共文化服务体系建设"的内涵和外延，但该群体中仍有三分之一左右的人不了解。因此，虽然"公共文化服务体系建设"这一概念在高校中普及率较高，但未来仍需进一步提高和深化高校行政人员的认知水平。

数据显示，绝大部分高校行政人员认为首都高校在公共文化服务体系建设中具有重要作用，该群体中所有人在这一问题选择了"重要"及其以上，其中有超过一半的人认为"非常重要"。高校参与公共文化服务体系建设主要能起到深化先进文化理论研究，加强文艺精品创作，推进文化知识传授，加快文化传播和文化传承以及丰富文化娱乐等积极作用。

在活动组织者眼中，在公共文化服务体系建设中纳入高校的力量是至关重要的，同时出于对此种重要性的认知，该群体在策划组织面向社会公众的公共文化活动时能发挥良好的主观能动性。课题组调查数据显示，高校行政人员对所在高校公共文化服务活动开展状况的满意度总体较高，尤其是文化设施的建设及开放程度以及文化活动的举办等方面，选择满意的人数均超过60%。但在文化产品的生产和创新以及文化体系的创新及服务能力方面满意度较低，表明高校参与公共文化服务体系时需要强化创新导向。

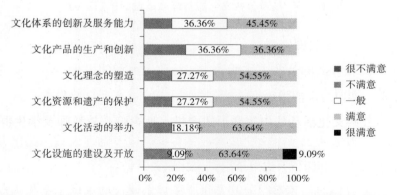

图3.7　高校行政人员对所在高校公共文化服务活动开展的满意度分布图

5. 人才管理

北京是国际化大都市，高校的人才管理水平和专业化方面借鉴了国外优秀经验，文化和组织队伍建设状况处于国内领先地位。课题组调查数据显示，高校文化和组织队伍在责任意识、服务态度以及团队配合意识等综合管理能力方面令人较为满意，但在专业化程度、知识水平等方面还存在较大的提升空间。

此外，将高校教师和学生群体纳入高校公共文化活动的组织和开展中也具有积极意义。高校教师作为人才培养和创新的核心所在，具有思想创新的潜力，发挥着智库的作用。学生对学校周边环境熟悉、对校内场馆使用熟练且具有较高的专业知识和素养，适合承担部分高校公共文化服务的相关职能。同时，对其自身而言，也能够起到多方面的提升作用。课题组调查数据显示，超过80%的人认为高校学生参与公共文化服务体系建设能够起到提升自身文化素养，增强公益心、团队合作能力、沟通交流能力等方面的作用。同时，增强组织协调能力以及深化对社会现实的理解也是两大助益。

课题组调查数据显示，高校教师及学生群体普遍认同参与公共文化活动的主要意义在于丰富人的精神生活，提高精神境界，促进人的全面发展以及完善公共文化服务体系，更好地履行高校文化服务职能。该群体中超过60%的人愿意参与到公共文化服务活动中去，其中担任公共文化服务志愿者、参与社区文化帮扶活动、参与落后地区文化帮扶活动和参与社会各界合作平台的搭建是参与意愿较高的方式。

公共文化活动的内容和形式会极大地影响高校教师及学生群体参与公共文化服务活动的热情，该群体中超过四分之三的人会因主题缺乏吸引力和形式单一、缺乏创新等因素大大削减参与热情。此外，缺乏相应的组织平台、缺乏获取信息的渠道以及文化基础设施不匹配等因素也会影响高校教师和学生参与公共文化服务活动。

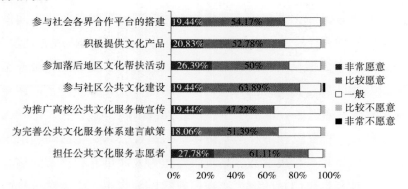

图 3.8　高校教师、学生参与公共文化服务活动的意愿图

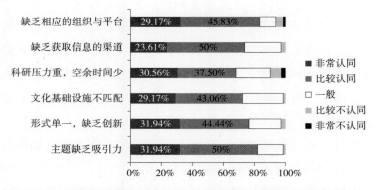

图 3.9　影响高校教师、学生参与公共文化服务活动的因素分布图

三、政府现状梳理

1. 政策法规

高校参与公共文化服务体系不是隔绝与独立的，需要政府相关政策的支持和配合。近年来，我国高校参与公共文化服务体系具有良好的政策和法律环境。《公共文化服务保障法》规定："国家鼓励和支持公民、法人和其他组织参与公共文化服务。"党的十八大以来，习近平总书记提出要将加快公共文化服务体系纳入

"四个全面"战略布局之中，明确了到 2020 年基本建成我国的公共文化服务体系。五年来，我国的公共文化服务体系建设取得了快速的发展，框架体系已基本搭建。公共文化资源的供给体系具有越来越强烈的群众选择导向性，强调服务体系的普惠原则和文化服务的精准化。

2017 年 9 月北京市出台了《关于加快推进公共文化服务体系示范区建设的意见》(以下简称《意见》)，对构建新时代下适应人民大众需要的公共文化体系具有指导性意义。这一《意见》的出台与北京积极履行首都职责，树立全国文化中心区榜样，建设公共文化服务体系示范区以及配合落实首都城市战略定位高度一致。也为北京公共文化服务体系的整体优化以及高校参与公共文化服务体系指明了路径和方法。

《意见》中特别强调，要鼓励和引导党政机关、国有企事业单位和学校内部文化设施向公众免费或优惠开放，制定鼓励社会力量参与公共文化建设办法支持民办机构兴办图书馆、博物馆、美术馆、实体书店等。这一举措充分表明了政府对高校等事业单位以及其他社会力量参与公共文化服务体系建设的态度。

为了打造首都文化金名片，必须建成均衡发展、供给丰富、服务高效、保障有力的现代公共文化服务体系。整个过程中若单靠政府主导，缺乏高校以及其他社会力量的参与，必定孤掌难鸣，难以形成体系化和科学化的公共文化服务系统。为此，政府需要积极转变自身角色与观念，从资源整合的角度，主动采取购买服务、通过民办公助等举措来吸引包括高校在内的社会力量广泛参与，着力解决当前我国人民日益增长的对美好生活的需要与公共文化服务体系难以满足其需要之间的供需矛盾。

2. 观念认知

政府对高校参与公共文化服务体系的观念认知会极大影响高校在其中参与的方式和参与的深度。北京作为一座兼具古都风韵和时代风貌的文化名都，具有丰富的非物质文化遗产资源和厚重的历史文化积淀。在供给侧结构性改革的关键期，以深化改革为突破口，构建形式丰富、多主体参与的公共文化服务体系，将高校的场馆、人才、平台资源纳入基本公共服务构建以及城市总体文化框架是大势所趋。

课题组本次调查数据显示，政府对高校参与公共文化服务体系的总体态度呈现支持态度，认为高校参与有重要意义。在政府群体看来，高校参与公共文化服务活动的意义主要在提升公民文化素养、营造社会重视文化的氛围、塑造文化理念和保护文化资源遗产等方面，在缩小地区间文化水平差异方面起到的作用较为有限，选择非常认可的人仅占比 16.67%。

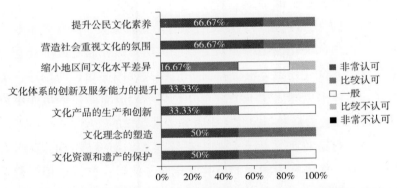

图 3.10　政府对高校参与公共文化服务活动的意义认可程度分布图

3. 管理路径

高校作为事业单位，在参与公共文化服务体系建设过程中，由于要突出其公益性质，难免会面临资金和资源等方面的缺乏，需要得到政府的相关支持，并接受管理。当前政府在公共文化服务设施及硬件设施建设、人才的管理和激励等方面都有一定举措。通过加强文化体制改革，吸纳社会资本进入公共文化领域，破除发展瓶颈，固化已有成果，推广示范区创建和管理以及鼓励人才创新创造等方式为高校参与公共文化服务体系营造良好的环境。

在政府支持高校参与公共文化服务体系的工作开展方面，选树高校公共文化服务典型模式和保护文化创新的立法这两方面工作的认可程度最高。在政策制定和实施情况，财政支持力度，沟通交流平台的搭建，公共文化服务体系人才队伍建设，营造全社会重视精神文明建设的氛围和提升城乡居民生活品质方面还有较大的提升空间。当前政府在支持高校参与公共文化服务中主要存在角色定位不清晰，财政支持力度不足，资源统筹规划不到位，激发文化创造活力不足，对知识和人才的保护不够，高校与企业、社会之间的沟通机制不完善和公共文化服务地区间发展不均衡等问题，其中资源统筹规划不到位和高校与企业、社会之间的沟通机制不完善等问题最为突出。

四、社会公众现状梳理

1. 观念认知

"十三五"时期是首都深化改革的关键时期，是落实京津冀协同发展战略，坚持和强化首都全国政治中心、文化中心、国际交往中心、科技创新中心的战略定位，建设一流和谐宜居之都的关键时期。当前北京进入了新的发展阶段，在建设全国文化创新中心的重大机遇下，北京将会被打造成全球科技创新引领者、高端经济增长极、创新人才首选地、文化创新先行区和生态创新示范城。首都社会公众将享有良好的公共文化氛围，预计到 2020 年公共文化服务体系基本建成，北京的公共文化服务体系将取得跨越式发展。

公众对公共文化服务体系的需求日益呈现出多元化和精致化的趋势。据公众参与和享用公共文化服务体系建设的调查数据显示，大部分的公众近半年来在周边高校所属的绿地、公园、图书馆等文化场馆进行过文化活动。体育馆、博物馆、影剧院等文化场地也是公众在高校进行文化活动的主要场所。课题组调查数据显示，看电视、听广播和阅读书报杂志等是大部分公众业余时间主要进行的文化活动，每日进行上述文化活动的公众分别占比61.11% 和 38.89%。但仍有超过 20% 的公众几乎不参观展览以及进行文化艺术学习或培训，分别占比 27.28% 和 22.22%。由此可见，社会公众的文化需求主要集中在较为日常的文化娱乐形式。今后高校在参与公共文化服务体系建设，提供公共文化活动时不仅要考虑文化活动种类的多样性，而且要重点关注社会公众的主要需求，满足社会公众的文化消费口味，加强公共文化服务体系的精准度和针对性。

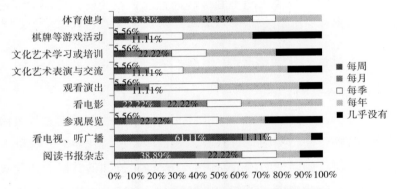

图 3.11　公众业余时间进行文化活动的频率图

2. 满意程度

北京市海淀区的社会公众对所属区域内高校的公共文化服务较为满意，这与该区域高校分布密集，双一流高校数量多，由此形成的辐射带动作用有密切的关联。在书、报、刊借阅服务（图书馆、文化馆等）、公共网络连接（文化场馆提供免费或优惠上网服务）、广播电视服务、公益性文艺演出、公益性文化展览、文化艺术知识普及和培训、公共电影放映、公共体育设施等高校提供的主要公共服务类别中，公众对公益性文化展览的满意度最高，其次是书、报、刊借阅服务和公共体育设施等，但公众对公共电影放映的满意度最低。因此，首都高校参与公共文化服务活动的形式比较偏向传统的依靠图书馆、体育馆等场馆进行服务活动。公益性文化演出、公共电影放映等活动形式较为缺乏。今后可侧重丰富高校参与公共文化服务活动的形式。

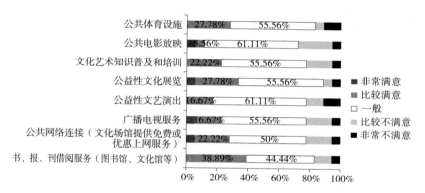

图 3.12　公众对本地区高校内公共文化服务满意状况图

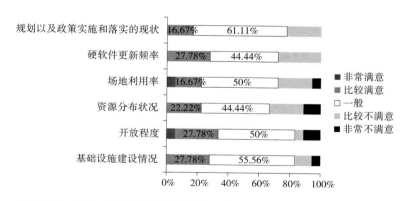

图 3.13　公众对社区周边高校公共文化服务建设现状的满意状况图

总体而言，公众对周边高校的基础设施建设情况、资源分布状况等方面满意度最高；在资源分布状况、软硬件更新频率等方面满意度较低；在场地利用率、开放程度等方面，公众态度两极分化严重。这与公众所在区域的高校资源和资金实力状况有关。未来，高校在参与公共文化服务体系建设中应着力解决资源分布不均、软硬件更新率低的问题。

3. 渠道路径

关于公众参与公共文化服务体系的调查数据显示，社会公众参与公共文化服务体系的整体积极性较高，66.67% 的公众愿意以志愿者的身份加入周边高校的公共文化服务活动中，用行动支持高校参与公共文化服务体系建设，其中 38.89% 的公众非常愿意参与。

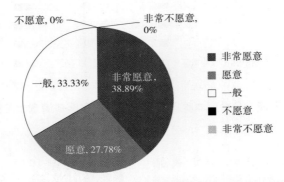

图 3.14　公众以志愿者身份参与周边高校公共文化服务活动的意愿图

课题组关于公众享用公共文化服务体系的调查数据显示，大部分社会公众主要通过报纸、电视等新闻媒体、文化场馆的宣传、家人朋友之间相互交流等渠道了解周边高校公共文化服务体系建设的消息。高校官网等渠道发布的文件起到的传播和宣传作用较为有限。公众了解高校发布的公共文化服务建设消息的渠道中，官网宣传、场馆宣传等方式起到的作用不明显。

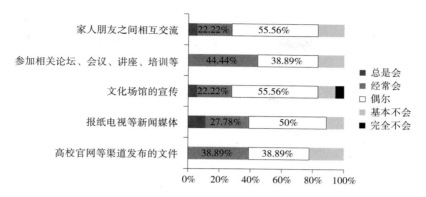

图 3.15 公众了解周边高校公共文化服务体系活动的方式图

4. 意义作用

社会公众认可高校参与公共文化服务体系建设具有重要意义。能够凸显首都的城市形象，提高居民的生活品质，提供居民休闲娱乐的场所，构建文化交流与传承的载体，提高本地区公共文化服务质量等是大部分社会公众对高校参与公共文化服务体系的主要意义的认知。其中文化交流与传承的载体，提高本地区公共文化服务质量和居民休闲娱乐的场所是大部分公众认为最有意义的，但公众认为高校参与公共文化服务体系建设对首都形象的提升方面发挥的作用较为有限。

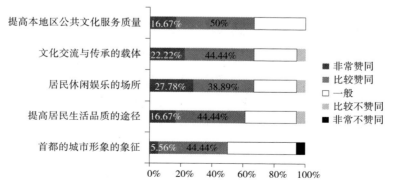

图 3.16 高校公共文化服务体系建设所占地位和发挥的作用分布图

课题组调研数据显示，公众认为政府应该从主办者角色中脱离出来，更多地承担管理和规范的作用。加大资金投入，扩大公共文化设施建设和引进高级人才等方式是公众最为认可的政府在公共文化服务体系建设中的参与方式，让社会公众参与管理，加强对管理单位的监督，建立健全公共文化服务体系保障机制等方面是政府未来角色转换的努力方向。

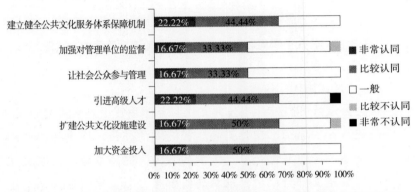

图 3.17 公众认同政府在公共文化服务体系建设中的作用方式分布图

五、企业现状梳理

"文化兴国运兴，文化强民族强。没有高度的文化自信，没有文化的繁荣兴盛，就没有中华民族的伟大复兴。"党的十九大报告将文化战略、文化定位提高到一个全新的高度，对文化产业发展也提出全新的定位，"健全现代文化产业体系和市场体系，创新生产经营机制，完善文化经济政策，培育新型文化业态"。互联网新媒体技术为文化产业发展开拓出一个新市场，"文化+"融合发展态势启幕。

依托丰富的人才、教育、文化资源，北京文化企业的发展态势良好。而朝阳区作为北京最国际化的商务中心和文化产业重镇，聚集了大量世界 500 强企业。文创、媒体、科技等众多产业集聚，公共文化服务体系建设具备良好的发展环境和土壤。北京的文化类企业在建设、数量、规模、品牌、服务等方面，在全国均处于领先水平。企业支持高校参与公共文化服务体系主要通过对校园内的公共文化活动进行投资赞助的方式。

1. 观念认知

调查数据显示，大部分企业每年参与高校公共文化服务体系建设的次数为 2~5 次，占比 50%，其中海淀区和朝阳区的企业参与次数显著高于其他区域。另外，周边分布高校数量越多的企业参与次数也相应越多。企业普遍认同高校参与公共文化服务体系建设有利于提升公共文化服务的质量和水平。此外，在提高高校公共文化建设的管理能力、加强高校文化资源的利用率等方面也具有重要意义。企业参与公共文化服务体系还有利于打破政府垄断的局面，有效构建多方互动的参与格局。课题组调查数据显示，企业相关管理层人员对所在企业参与高校公共文化服务体系建设的现状总体满意度较为一般，表明企业在参与公共文化服务体系的广度和深度仍较为不足。

企业作为市场竞争的主体，在进行战略决策时以利益作为选择标准和行为导向。企业以高校为平台参与到公共文化服务体系建设中可以利用高校的人才和技术优势解决迫在眉睫的技术性问题，也可低成本地长期利用某些设备，获得雇佣科研人员的渠道，来增强公司研究与开发的能力，并在第一时间了解某些领域的前沿研究动态。几乎所有的受调查企业均赞同以合作者的角色参与公共文化服务体系建设。

2. 渠道路径

企业参与公共文化服务体系建设能够有效引入一种市场化的竞争机制，焕发公共文化服务体系的活力。采取何种路径参与显得至关重要，对企业的专业化程度、管理者以及员工的知识水平、企业家的责任服务意识、内部团队配合度以及综合管理运营能力提出了更高的要求。课题组调查数据显示，本次受调查企业中，大部分企业参与高校公共文化服务体系队伍建设时，对完善相关配套政策、搭建企业与高校的互动平台和优化合作形式等方式较为认可；加大资金投入力度、强化双方间的技术支持和制订高校人才引进计划等方式目前在企业中较少被采用。

据调查显示，企业参与公共文化服务体系的主要方式是通过直接参与、承担项目、资助参股、共同建设或影响高校政策等多样化途径。其中承担项目、资助参股和共同建设是主要途径，在课题组本次调查中，超过 50% 的受访企业是通过该种方式参与到公共文化服务体系建设中的。加大资金投入力度、强化企业与高校间的技术支持、制订适合本企业的完备的高校人才引进计划、落实完善相关配套政策、积极搭建企业与高校的互动平台、优化与高校的互动合作形式等举措是企业未来的改进方向。

3. 平台搭建

由于当前企业参与公共文化服务体系的模式还未得到建立，缺少成熟的经验支撑，在平台搭建的相关方面还有待进一步改进和优化。调查显示，目前企业参与公共文化服务体系建设存在的主要问题有以下几个方面：总体参与程度低，服务内容匮乏，参与形式单一，资金来源途径较少，公益性体现不足，创新能力不足，服务运行效率低下等。其中超过一半的企业主要存在总体参与程度低、服务内容匮乏和创新能力不足等问题。这种现象表明，在公共文化服务体系建设中需要提高企业参与积极性，激发企业的公益观念和创新意识，丰富公共文化活动内容，加大资金投入等，以便在公共文化体系建设中更好地吸纳企业的力量。

北京作为我国首都，既是我国政治中心，又是文化中心。北京既有千年的历史文化，又是众多一流高校云集之地。高校作为公共文化服务体系的重要单元，在首都公共文化服务体系建设的当前阶段仍然遇到很多挑战。通过调查，我们认为在现阶段，高校参与首都公共文化服务体系依然存在以下问题。

1．高校参与公共文化体系建设的系统性有待提升

首都高校虽然在向社会提供公共文化方面发挥了一定的作用，比如继续教育课程建设、首都优秀文化挖掘、文艺公演等，但总体上，高校参与公共服务体系建设仍缺乏系统性，主要表现在：内容零散，形式单一，时间不固定。事实上，社会大众对高校文化需求量最大的内容主要是图书馆、博物馆、体育锻炼场所、学校课程学习、报告旁听等方面，但各高校在现阶段还不可能全面地提供这类资源。

（1）高校参与公共文化体系建设的主动性较差

高校不仅是教书育人的场所，更应该是社会公共建设的中坚力量。在新一轮的学校竞争中，首都高校尤其重点高校都发起了向世界顶尖大学或世界一流大学进军的目标。高校往往将注意力集中到自身的学科建设而忽视自己的社会公共责任。世界一流大学绝不仅仅是学术的独树一帜，更应该是国家重器，担负更多的社会责任。首都高校聚集着许多专业领域的顶尖专家学者，代表着科学与文明的前沿水平，同时首都高校又聚集着社会中最富有创新精神、最具活力的大学生，高校为其校园内的师生提供了精神内涵丰富、覆盖面广的校园公共文化服务。然而，高校又是一个相对封闭的系统，很少让社会感知到它的温度。总的来说，首都高校偏重于自身的公共文化建设，忽视了社会公共文化的输出。其实这是一个全国范围内的普遍现象，从网络检索到的地方高校"十三五"大学文化规划，可以发现仅有15%提及社会文化服务建设，把参与公共文化服务体系建设作为完成指标的更是凤毛麟角。①

每个高校都是一个小型文化聚集区，而北京作为高校最集中

---

① 满昌学．地方高校参与公共文化服务体系建设探析[J]．广西师范大学学报（哲学社会科学版），2017（4）．

且师资力量最雄厚的城市，高校的对外建设能力略显不足，大量的教师以及学生在参与社会公共文化服务体系建设上缺乏积极性。而且，高校长期存在重学轻术的思想，高校的职称评定往往是科研至上，对于教师以及学生参与公共文化服务建设往往缺乏相应的激励机制，这使高校师生更加缺乏参与公共文化服务体系建设的主动性。[①]

（2）高校文化建设人才培养欠缺

习近平总书记在党的十九大报告中提出，我们要坚定文化自信，推动社会主义文化繁荣兴盛，坚持中国特色社会主义文化发展道路，激发全民族文化创新创造活力，建设社会主义文化强国。高校作为高等教育的主要负责机构，是我国人才培养重镇。而人才培养不仅要使个人能够成长，更应要服务于社会经济的发展。过去我国面临的社会环境促使我国大力推进重工业发展，高校也开设了众多的理工科专业。现在国家的发展依然离不开重工业以及高精尖学科的研究。但现阶段，国家实力大幅上升，在"一带一路"背景下，2017年10月18日，习近平总书记在党的十九大报告中强调，中国特色社会主义进入新时代，我国社会主要矛盾已经转化为人民日益增长的美好生活需要和不平衡不充分的发展之间的矛盾。[②]然而，受过去国家社会建设影响，大部分首都高校，尤其重点高校主要的学科设置以及人才培养仍然停留在过往理工科为主的阶段，而文科，尤其文化管理相关的专业开设以及学术研究仍然落后于社会文化发展。在"一带一路"的背景下，我国公共文化服务建设以及社会发展急需大量文化服务以及管理

---

① 黄莺，黄守星. 地方本科高校与所在城市文化建设融合发展探析[J]. 湖北民族学院学报》（哲学社会科学版），2016（4）.

② 习近平. 中国特色社会主义进入新时代是我国发展新的历史方位[OL]. 2017年10月18日. http://big5.xinhuanet.com/gate/big5/www.xinhuanet.com/2017-10/18/c_1121819978.htm，2018年5月21日.

人才支撑。北京是我国的文化中心，对于相关文化人才的需求更是急迫。

（3）高校参与首都公共文化体系建设的能力不足

高校向社会开放文化资源的力度较小与高校自身资源的有限性息息相关，这还使得高校参与首都公共文化体系建设的能力不足。尽管首都高校的文化资源总量很大，但相对于庞大的师生群体和日益增长的社会民众来说，人均文化资源供给量依然相对不足。如果高校不扩大投入，现有的文化资源很难满足社会民众的需求。

高校的文化场馆设施作为其办学资源的重要组成部分，在满足自身教学、科研需要的同时，应主动向社会或周边社区开放，以更好地发挥辐射引领作用。当前有部分首都高校探索向社会开放内部文体设施，然而遇到一些能力不足的问题。目前在北京高校拥有博物馆、体育馆、图书馆、电影院艺术馆等的众多文化场所中，仅有一些文化娱乐活动场馆、体育场馆的开放程度较高，而一些专业性强、相对短缺的文化场馆及设施开放程度则比较低。一些高校的体育场馆设施在满足内部师生员工需要的同时，也面向社会出租或借用，让校园之外的民众能够享受到学校的体育资源。然而由于存在"僧多粥少"的局面，所以经常出现器材损坏加快、场馆保养周期缩短等问题，而且社会公众与师生员工在设施使用上经常发生冲突。部分高校就图书馆、博物馆向社会开放方面，只提供限定内容、限定时间和限定对象的服务，如北京师范大学，其师生较多，但由于学校面积较小，故其体育场只对本校师生开放，校外公众无法使用其相应的设施。出于资源损耗、管理成本等方面的顾虑，大多数高校的图书馆、艺术馆和博物馆不得不只对本校师生开放。从其根本原因看，高校在文化服务的硬件建设上缺乏足够资金及配套制度，使其真正实现完全向社会公众开放仍然面临着严峻挑战。

（4）高校参与首都公共文化体系建设的动力不足

当前高校参与首都公共文化体系建设的动力来源不够充足，参与的广度和深度还处于较初级的水平。一方面，目前高校的评价体系没有为高校参与公共文化体系建设提供引导。教育管理部门对高校的评价主要集中在科研、教学和人才培养方面，针对高校的评价指标基本不涉及文化体系建设，更谈不上高校在公共文化体系建设中发挥的功能，这直接导致首都高校缺乏投身公共文化体系建设的积极性。另一方面，高校尚未从参与首都公共服务体系建设中明显获益。高校向社会开放文化资源，提供文化服务，基本上是属于公益。在参与首都公共文化体系建设的过程中，高校并不是明显的受益者，相反还承担了大量的管理成本，甚至导致校内教职员工和学生对文化资源紧张的抱怨和投诉。因此，在大部分高校看来，学校参与公共文化体系建设对其自身的发展并没有带来直接的、显著的正面影响。这是高校参与首都公共文化体系建设动力不足的另一个重要原因。

（5）文化管理部门的财政投入不足制约了高校参与首都公共文化体系建设

在目前的公共治理体系中，公共文化体系建设并没有占据十分显著的重要地位，从而导致地方政府和文化管理部门对公共文化体系建设不够重视，投入不足。一直以来，地方政府重视程度较高的是教育、医疗和房地产等若干领域，而公共文化体系建设是软任务，特别容易被边缘化。以经济增长理性主导的地方政府的核心关切是地方经济的增长，而不是所谓的文化发展和文化建设，公共文化服务更不可能摆上地方政府的重要议事日程。[①] 应该说，在北京市政府的各类报告、文件中经常会提到：必须参照公共财政的增长幅度，加大公共财政对公共文化服务的投入力度，

---

① 吴理财. 公共文化服务的运作逻辑及后果[J]. 江淮论坛，2011（7）.

保证公共财政对文化建设投入的涨幅高于经常性财政收入的涨幅，不断提高文化支出在财政支出中的比重等。然而，实际上大多数都停留在口号层面，不易得到真正贯彻落实。

文化管理部门对首都公共文化体系建设的财政投入不足，直接导致公共文化体系建设进展缓慢，也制约着高校参与首都公共文化体系建设的步伐。在财政支持力度弱的条件下，高校参与公共文化体系建设得不到应有的支持和激励，也直接导致高校无法真正有效地投入公共文化体系建设。

2. 政府对公共文化体系的宏观把控有待加强

（1）政府对公共文化体系建设缺乏全局观念

在过去"大政府"的社会背景下，政府统管社会的方方面面。北京市政府包办公共文化服务建设与供给。又由于政府的建议政策多出自其自身的研究室，其组织成员往往单一且缺乏高校以及社会的声音，这就使得政策的制定缺乏全社会的广泛参与，缺少了外界的观点和建议的融入。

（2）政府在文化服务政策及制度保障方面存在缺失

一方面，对于积极参与社会公共文化体系，高校拥有强大的人才队伍以及技术手段，教师以及学生都有能力去做力所能及的事去为首都公共文化服务体系建设增砖添瓦。但是，另一方面，政府对高校参与公共文化服务体系持一种消极的态度，这也使得其在法律以及制度层面缺乏相应的保障以及物质精神激励。政府对高校参与首都公共文化服务体系建设并没有较强的物质和政策支持，使得本来就无心参与社会公共文化体系建设的高校更无兴趣。且我国现有对于公民享有公共文化服务保障的法律条文相对较少，以《中华人民共和国公共文化服务保障法》为基准，具体细化的法律条文更少，这就造成了高校对于参与公共文化服务体系建设的法律处于缺失状态，这也是高校无法有效积极参与公共文化体系建设的重要原因。

（3）多元化的公共文化体系尚未真正建立

十八大之后的五年来，文化系统深入贯彻中央关于构建现代公共文化服务体系的决策部署，坚持政府主导、社会参与、重心下移、共建共享，完善覆盖城乡的六级公共文化设施网络，稳步推进公共文化机构法人治理结构改革、县级文化馆图书馆总分馆制建设等重大改革，基本公共文化服务标准化均等化取得新突破，公共文化服务效能得到新提升。党的十八大以来，全国很多地方通过引入社会力量参与，健全决策、执行和监督机制，形成了不同的公共文化建设模式，公共文化服务效能得到显著提高。上海通过打造"文化上海云"，运用云计算、云存储技术，把市、区、社区三个层级的公共文化服务纳入总门户平台，让海量的公共文化信息形成公共文化大数据。重庆市创建了"公共文化物联网"，集中配送全市公共文化资源、产品、活动。青岛、成都、焦作等地通过打造文化超市，采取个性化、订单式服务，满足群众的多元化需求。北京、天津、合肥、大连、青岛、泉州、惠州等地发行"文化惠民卡"，将优惠文化产品打包，给群众自主选择权。内蒙古图书馆则推行"彩云服务"，实行以读者为主导的资源建设模式，有效满足了读者的阅读需求。

然而总体来看，政府包办文化建设的思维惯性仍未得到根本改变，北京市政府在这方面也有很大的改进空间。当前，现有的公共文化体系主要表现在政府作为供给的重要主体，而其他相关的企业、社会组织以及个人的相对力量较少。现在，政府担负着重要的经济职能以及社会建设职能，以至于政府无事不管，无事不包。而现阶段公共文化体系庞大，绝非政府单独力量就可完成，公共文化服务的供给需要形成一个以政府为主体，社会组织为依托，社会公众全民参与的一个供给平台。① 北京市亟待建立一个多

---

① 北京市文化局. 努力完善公共文化服务体系[J]. 前线，2006（10）.

元化的公共文化服务体系。

3. 社会公众及组织参与深度有限

（1）公民个人参与意识较弱

由于受现行行政管理环境影响，政府对于公共文化领域管制较强，公民个人在公共领域参与意识不强，且对自身文化服务的权利与义务意识缺乏认知。一方面，由于历史文化和传统因素的制约，公众的文化权利意识淡薄，理性认知不足，基本公共文化权利还没得到普遍的认同和重视。另一方面，在公共文化服务体系建设的实践中，我国公众总体表现为被动型参与较多、自觉型参与较少，享乐型参与较多、服务型参与较少，公众文化服务参与热情普遍不高，动力不足，义务意识不强。且政府对于公民参与社会治理与公共文化服务的提供仍旧停留在听证会等形式的参与，这也使得部分有利于公共文化服务体系建设的社会公众难以积极有效有所作为。

（2）社会组织参与公共文化深度不够

长期以来，公众对公共文化服务的提供形成了对政府的"路径依赖"，公众认为公共文化服务的提供就应该是政府的责任，其他社会组织不应参与建设，使得社会力量尤其是在公共文化服务体系建设中具有重要作用的非政府组织对兴办公共文化的意识及积极性都受到了削弱。各级政府对非政府组织、非营利性机构还持有较强的疑虑，而没有更务实地对非营利组织的基本体制及监管方式进行研究。这不仅限制了其作用的发挥，也影响了我国公共文化服务事业的发展。现阶段的社会组织对于参与公共文化服务体系的建设仍处于附属地位，而无法积极深入到最核心以及以深入的资源提供自身力量，与高校或者其他事业单位平起平坐，享有真正地参与建设的权力。[①]

---

① 刘文俭. 公民参与公共文化服务体系建设对策研究[J]. 行政论坛，2010（3）.

（3）社会公众及组织参与建设受到严格限制

我国社会组织一般接受双重领导，一是民政部登记备案，二是其主管部门进行管理。社会组织的成立以及活动范围受到严重限制。且公共文化服务属于思想意识领域范围，政府对其管理更加严格苛刻，这也使得部分文化相关社会公众以及组织在该领域因受到严格限制而无法从事相关活动。在法律上，我国至今尚不具备一部统一的中国非政府组织法。现有的法律法规缺乏统一的法律标准，只是针对不同类别的非政府组织而制定；再者，现有的法律法规过多的侧重于对社会组织登记上的限制，而忽略了对非政府组织合法权益的保护和日常监管问题。这容易造成社会组织日常运行无法可依。

4. 企业参与公共文化体系力量不足

（1）企业参与文化服务供给市场准入门槛高

由于我国文化企业承载的意识形态宣传和经济生产的双重属性，导致民营企业和民间资本进入高校文化服务供给的准入条件过于苛严、市场准入程序繁杂，这势必阻碍市场主体的发育和市场优化资源配置的作用。现阶段，参与首都高校文化服务供给的企业不论在数量还是企业规模上仍然处于初始阶段。且参与其中的企业也多是与高校合作的国企，而真正的私企以及股份制企业要想加入高校作为首都公共文化服务体系建设的一员仍面临巨大挑战，因为"一个市场，不论是已经存在的还是正在产生的，要想拥有效率，就一定要有竞争"，由于市场竞争机制不充分，文化市场主体发育滞后。

（2）企业公共责任缺失

所谓企业社会责任，就是指企业在追求自身的赢利目标之外对社会公共利益的维护与增进之责。在我国，企业对教育、扶贫等领域的捐赠数量已经十分庞大，对公共文化服务的捐赠却还没有形成稳定意识和有效机制。许多企业还没有认识到承担公共文化责任是承担社会责任的一个重要方式，是企业参与公益事业的重要途径。北京作为我国的首都，既是国家政治中心，也是国家文化中心，政府对其文化服务的供给要求更加严格，而北京作为众多大型国企所在地，在这方面有能力去利用自身的政治与文化地位去加强与企业以及高校沟通，促进企业社会公共责任的实现。所以，政府有必要通过各种税收鼓励以及政策引导支持企业参与到社会公共文化服务中来，而且这对于公共文化事业的发展和企业自身影响力的提升都有着强大的正效应。

（3）企业参与公共文化服务的模式单一

现阶段，企业对于公共文化服务的供给形式仍然比较单一落后。据调查显示，在有参与公共文化服务体系建设经历的企业中，多数以直接的物质或者资金"捐助或赞助"形式参与。而在企业与政府、企业与高校的合作中仍缺乏多元创新参与形式。我们发现民营企业对公共文化服务实际的参与形式主要有捐助、政企合作、企业自办和承包经营，参与形式和意愿也反映出民营企业多样化的诉求。这也体现了民营企业参与公共文化服务的决策以企业自身为出发点和落脚点，同时也希望在合作中寻求与政府的紧密联系并建立良好的政企关系。① 这方面也需要政府以及高校等社会组织去反思：在与企业的合作中是否积极发挥了自身的作用，是否能够推动公共文化体系的建设。

---

① 林敏娟. 企业认知、政企互动与民营企业参与公共文化服务[J]. 统计与决策，2013（6）.

第四章　发挥高校资源优势促进公共文化体系建设的对策

　　新时代背景下，构建现代化的公共文化体系是社会的大势所趋，这样才能更好地满足社会公众对美好生活的期待和公共文化服务的需求。但是，我国公共文化服务体系建设还存在很多问题，为此，我们从高校、政府、企业和社会公众四个方面，就如何推动公共文化体系建设提出建议和措施。

一、高校：挖掘优势资源、拓展供给能力

1. 提高高校对自身公共文化服务功能的认知程度

　　第一，强化高校服务社会的认知。高校是在城市建设的基础上形成和发展的，所以高校的作用不仅仅在于知识传播、人才培养、科学研究等方面，更应该服务和奉献于社会，努力提升自身的社会价值，使其成为城市提高居民生活品质孜孜不竭地动力和源泉。[①] 随着我国经济文化建设越来越完善，社会公众对公共文化服务的要求也相对提高，高校必须充分结合自身的优势条件，推动公共文化服务体系建设。

　　第二，强化高校在公共文化体系建设中的功能定位。当今社会，高校与城市文化相互依存、相互渗透、相互促进的趋势愈发的明显，高校已经成为公共文化体系建设中不可或缺的重要角色之一。高校集中了所在城市优秀的人才、先进的设备和技术，努

---

① 王春林. 南宁高校文化与城市文化互动发展的对策探讨[J]. 创新，2012（3）.

力为丰富城市的物质、精神文化生活需求，提升城市的幸福指数和生活品质，变革城市公共文化服务体系奉献出自己的力量。

第三，高校应该以开放的姿态融入城市社会之中，使高校成为推动城市公共文化体系建设的合作者、管理者、倡导者等，充分发挥高校"智囊团"独特的优势。此外，高校应该不断挖掘自身优势文化资源，拓展公共文化服务能力，更加积极主动地参与到城市公共文化体系的建设中来，经常性地组织和举办城市文化活动，合力塑造城市的文化形象，使得城市发展能够不断满足人民日益增长的对美好生活的需要。

2. 加强高校公共文化软硬件基础设施建设

当前，鼓励高校参与公共文化体系建设的共识已经初步达成，并且政府和高校自身也推出了相应的政策支持和保护，但是在政策的落实和实施的过程中依然存在不少的问题。要增强高校服务社会公共文化建设的能力，就必须大力完善首都高校园区配套基础设施建设，为高校向社会提供公共文化服务奠定物质基础和条件。不少首都高校开始探索如何使高校资源最大化地投入到社会之中，但其中还存在较多的困难和阻力。例如就高校向社会公众开放图书馆一事，大多数高校考虑到资源损耗、管理和运营成本，往往仅对本校的师生提供借阅服务。为了解决此类问题，政府应该加大对高校的资金投入，还要完善高校公共服务场馆的人员配备，使得高校的图书馆、博物馆、艺术馆等公共文化服务场馆能够最大化的面向社会公众开放，从而增强高校的辐射范围。

北京基层公共文化服务体系主要存在文化设施比较落后、文化产品单一过时、从业人员素质有待提升、市场化程度低等问题。通过高校深度参与首都特别是基层公共文化服务体系建设，有利于突破基层文化设施建设壁垒，将高校优质文化资源嫁接到基层，推动高校文化下乡下社区，促进高校文化产品与基层社会文化服务的融合创新，扩大基层群众的受益面。

3. 高校应以大学文化建设为突破口参与首都公共文化体系建设

2016 年 12 月在北京召开的全国高校思想政治工作会议，对高校文化建设提出了新的更高要求。会议提出要更加注重以文育人，开展形式多样、健康向上、格调高雅的大学文化活动，广泛开展各类社会实践。事实上，全国高校思想政治工作会议已经对高校参与城市公共文化体系建设提出了要求，指明了方向。首都高校应该认真贯彻落实全国高校思想政治工作精神，以大学文化建设为契机和突破口，积极有序地参与首都公共文化体系建设。唯有建设好了品牌突出、特色鲜明、载体丰富、品位高雅、育人效果鲜明、文化引领有力的大学文化，高校才有可能发展成为首都公共文化建设的引领者。

在以大学文化建设推动高校参与首都公共文化体系建设上，要考虑三个方面的问题：一是要坚持文化育人，壮大文化队伍，提高文化队伍的规模和水平。首都高校要进一步强化培训和辅导，着力提升学校文化团体骨干的能力和素质。学校要制定相关政策不断壮大社会公共文化服务队伍，激励文化团体骨干传、帮、带、教，积极推动全校师生投入到社会公共文化服务提供和公共文化体系建设中去。二是要借助首都高校现有的各类平台向社会公众提供亲民的公共服务。首都高校教师要借助于教学平台举办与普通公众日常生活相联系的公益讲座、学术讨论和科普活动，以此让高校的精神文化拥有更多的受众群体。陶东风教授在《理解我们的"娱乐至死"》中提到，今天民众沉溺于娱乐文化具有无奈和逃避的成分。换句话说，公众选择淹没在娱乐文化中不仅仅由于它们的娱乐性，而是因为公众所能享有的真正美好的公共文化产品太少，导致公众选择了一种在手机互联网上空虚度日和消费无聊的娱乐八卦的生活方式。高校责无旁贷地需要提供一种高端的文化产品服务于公众，提升人们的文化鉴别和审美能力，促进社会健康发展。高校教师作为城市和地区内的知识分子，其知识优

势、专业优势和科研优势使其能够组成智库，为政府主导的公共
文化服务体系建设过程中所遇到的各种问题提供政策建议，为满
足群众高层次的精神生活追求提供新思想和新知识。因此，首都
高校参与公共文化服务体系的建设理应让教师成为主体和引领，
身正示范。

4. 更加重视引育人才并强化激励考核

第一，高校要发挥自身优势培育文化管理人才。高校应该结
合自身特点和文化资源丰富的优势，培育高素质的文化管理人才。
要将学历教育与非学历教育相互补充，设置科学合理的课程体系，
采用理论与实践并重的教学模式，培养更多优秀适用的公共文化
管理人才——拥有跨学科背景、素质综合，既懂文化艺术又擅于
公共管理的综合性新型人才。

第二，要引进高水平人才来管理高校文化资源。从北京市公
共文化体系建设人才队伍现状分析来看，城市公共文化服务队伍
整体较弱，此外高校在公共文化队伍建设中也存在不少问题，部
分高校缺乏专业的文化建设管理部门和机构，文化场馆人员配备
不完善等。高校必须充分发挥自身的平台优势，聘请国内外专业
人才对高校公共文化体系建设出谋划策，建立专门的文化建设管
理部门和机构，从而改善高校文化场馆的运营和管理情况。

第三，高校应该制定人才激励制度，在不断提高管理者自身
素质的同时，也要提高他们的工作热情和积极性。此外，为了提
高专职工作人员的工作效率，还应该定期对他们的工作进行绩效
考核，防止"在岗不办事"的情况发生。

5. 发挥学生的行为示范和文化辐射功能

大学生是高校另一重要的人力资源，因此文化服务的主体不
应局限于教师，相反学生应该成为文化服务的主要群体，而且学
生在发挥文化辐射和文明影响示范方面具有不可替代的优势。主
要原因在于：一是学生接受高等教育之后，自身文明修养和素质

提高。大学生与中学生不同，随着他们的实践能力和交往范围增强，他们开始通过各种机会和渠道走出校园，能够将先进文化渗透到不同群体之中。例如学生可以利用实践教学机会，走出校园，走进社会。为确保高校能够更好地参与公共文化服务体系建设，公共课可以将社区和生活空间发展为第二课堂，围绕地方文化传承、家乡非物质文化遗产等各种问题组织教学和讨论，同时适时地邀请社区公民参与到讨论中去。二是校外实践教学是大学生传播校园文化、大学精神和人类文明成果的重要平台，也是大学生发挥文化辐射力的最好契机，同时也是提升大学生实践能力、真正融入社会了解社会的最佳通道。例如许多大学生参加三下乡活动后能够真正体验基层民众的生活现状，了解了课本以外的真实世界，并选择了支教和村干部工作，真正做到了文化和文明的下乡与普及。三是学生受到世俗的影响较小，少有社会团体获取利益报酬的观念，其理想情怀较浓，因此学生参与公共文化服务不仅具有较强的目的性，而且容易发动他们的积极性和主动性。高校参与公共文化服务体系的建设，需要教师和学生两个群体协同发挥作用，共同服务于先进文化的传播、渗透和创新。[1]

6. 建立和完善高校参与公共文化体系运行与保障机制建设

第一，高校应建立有效的公共文化管理运行机制。高校公共文化体系建设需要规范、科学的管理运营机制作为保障，完善的组织机构、高效的运作机构、文化传播机制以及资源共享机制等，是建立和完善高校公共文化体系的必备要素。高校应该加强对自身的指导和统筹，推动各项规划能够落实和实施，并且要明确高校公共文化体系建设的目标和服务对象。

第二，加强保障机制建设，注重顶层设计，对首都高校参与

---

[1] 高绣叶. 从被动服务到文化自觉:高校参与公共文化服务的价值定位与路径[J]. 山东高等教育，2018（3）.

公共文化服务做出政策性安排是非常必要的。在地方性法律规章、文化发展规划中，也可以出台推进地方高校参与城市公共文化体系建设的意见，明确规定高校作为公共文化体系建设的主体地位，并在服务内容、产品提供、研究项目、设施开放等职责上做出具体约定，以及与此相对应的政策和资金支持，营造出有利于高校参与公共文化体系建设的政策环境。

二、政府：强化职能转变、建立激励机制

1. 更新观念，转变政府职能

第一，公共文化服务是政府基本公共服务的重要内容，是各级政府以及文化主管部门的重要责任。但是，当前我国正处于公共文化服务体系转型时期，传统的政府管理机制已经不能满足广大社会公众对公共文化服务的需求，供给侧和需求侧都出现了明显的矛盾。[①] 传统的政府管理模式是政府包办一切，政府作为单一的管理者，这种方式显然不利于激发全社会参与公共文化体系建设的热情和参与度，为了向社会公共提供更加高质量、高水平的公共文化服务，必须要向着多中心管理方向转变。

第二，政府文化管理部门应鼓励高校开展文化产品和服务提供的创新。政府在支持高校参与社会公共文化服务中存在角色定位不清晰的问题，为了充分发挥高校参与社会公共文化体系建设的积极性，政府不应该仅仅把自己定位为管理者，而是把自己定位为倡导者、合作者或者参与者，这样才能真正保障高校在参与公共文化体系建设中的关键作用。高校在参与公共文化体系建设方面的成效，直接受到政府文化管理部门决策导向的影响。政府文化管理部门应该加大对高校的投入，鼓励高校创新公共服务产品和服务的提供方式，以推动高校参与首都公共文化体系建设的

---

① 陈莎. 供给侧改革视域下公共文化服务供给研究[J]. 学理论，2017（6）.

进程。文化管理部门应当从国际化大都市文化建设的高度，统筹考虑现代公共文化体系建设的要求，加大对公共文化建设中公共文化主体多元化的财政投入，鼓励高校等社会主体创新公共服务提供方式。比如，北京大学、清华大学等著名高校，对北京和外地的游客有着极大的吸引力，因为其校园本身就是丰富的文化资源。但是，近些年来这些名校的资源也越来越紧张，校园管理成为一个突出的问题，因此不得不采取限制人流的措施。而政府在这方面是可以有所作为的，应该对高校开放校园给予相应的大力度的资金投入，推动其在公共管理和服务提供上进行创新，提高服务效率和质量。从一定意义上说，这就是政府购买社会服务。值得一提的是，政府向高校购买公共文化服务，并不会使公共文化服务丧失公共性。① 不仅如此，这种方式还可以带来很大的益处：比如在确保正常秩序情况下，首都高校可于节假日面向社会开放体育馆、图书馆、艺术馆、博物馆等，政府采用补贴的方式对此期间产生的人工成本费用、设备维修费用等给予必要的财政支持，这样便可以妥善地解决公共文化服务需求量增加与高校资源能力有限之间的矛盾。

　　第三，目前，为深入贯彻落实中共中央办公厅、国务院办公厅《关于加快构建现代公共文化服务体系的意见》，北京市率先颁布了"1+3"公共文化政策文件。"1+3"公共文化政策文件的出台对于公共文化体系建设具有指导性、统领性的意义，并且明确了北京现代公共文化服务体系建设的主攻方向。② 它将会大力推动北京地区基本公共文化服务实现标准化、均等化、社会化和数字化，这无疑对北京市政府以及文化管理部门提出了新的要求。为了顺

---

① 周晓丽，毛寿龙. 论我国公共文化服务及其模式选择[J]. 江苏社会科学，2008（1）.
② 李国新. 现代公共文化服务体系建设的"北京设计"[N]. 中国文化报，2015年6月12日，第7版.

利完成北京现代化公共文化体系建设，政府必须转变观念，创新现有的管理运营模式。

政府应做好高校和社会公共文化设施建设的整体设计和分类指导，高校层面需要系统性地对图书馆、艺术馆和博物馆等文化平台资源进行顶层布局，与政府、社区协同推进首都公共文化体系建设，切实发挥高校文化对社区生活的辐射和带动作用，提高周边社区居民的文化素养与文化品位。

2. 形成政府参与公共文化体系建设的新路径

党的十八大在全面深化改革战略中，提出《中共中央关于全面深化改革若干重大问题的决定》，并且提出建设"现代公共文化服务体系"口号，这就对公共文化体系建设提出了更高的要求和更丰富的内涵。政府必须要进一步转变其职能，建立政府主导、充分发动社会各方力量积极参与的新格局。

第一，政府要在公共文化体系建设中引入市场机制和竞争机制。合理界定政府以及文化管理部门在公共文化体系建设中的职能，实行政府外包，从而减少政府开支、提高政府办事效率，使政府真正成为有效能的政府、服务的政府和负责的政府。

第二，政府公共文化服务的观念要从"管理"向"治理"转型。所谓"管理"，是指政府行政体制下的公共文化管理机制，而"治理"则是在政府主导和社会力量参与下的公共文化管理机制。[①]这种多中心治理的管理模式能够最大限度地动员社会各界参与到公共文化体系建设中来。社会力量因为政府减少了行政干预，自主意识得到增强，从而激发创造活力、参与能动性，更有利于形成公共文化服务多样性、创新性。

第三，政府应该在公共文化体系建设中引入"PPP"（Public-

---

① 许眺婷，陈鸣. 建构混合型城市公共文化服务新机制——公共文化服务供给侧改革研究[J]. 探索与争鸣，2017（12）.

Private Partnership）模式。通常情况下，合作共赢是比较好的公共产品供给模式。具体到公共文化产品的提供上，我们可以建立首都高校与政府合作共建的公共文化供给模式。《国家"十三五"时期文化发展改革规划纲要》指出，大力推动公共文化服务朝着项目化管理、市场化运营、社会化参与的方向发展。[①] 引入"PPP"（Public-Private Partnership）模式，不仅提高了公共文化事业的管理水平，而且还加速了资金的流通，只有这样才能满足社会公众对公共文化服务越来越高质量的需求。

在高校与政府合作共建公共文化的过程中，特别要重视政府的主体地位，发挥政府的主导功能。首先，当高校成为首都公共文化供给主体之后，政府必须将高校文化事业发展列入公共财政预算项目，从而构建高校与政府合作的长效机制。其次，以"项目"为依托进行财政资助，市政府公布首都文化需求项目，引导各个高校结合自身特长积极申报和建设。最后，政府可鼓励有条件的首都高校成立文化服务公司，从事文化事业经营，实现自我成长，自我壮大。

3. 政府应建立高校参与公共文化体系建设的评价激励制度

合理的评价激励机制可以产生良好的管理效能。《中华人民共和国公共文化服务保障法》第二十三条明确规定：各级人民政府应当建立有公众参与的公共文化设施使用效能考核评价制度，公共文化设施管理单位应当根据评价结果改进工作，提高服务质量。为了推动高校积极参与首都公共文化体系建设，有必要引入科学合理的绩效评价机制。在构建高校参与首都公共文化体系建设成效的评价指标体系时，应当坚持导向性、科学性和系统性的原则，采用客观指标与主观指标相结合的评价方法。客观指标可以包括

---

① 国家"十三五"时期文化发展改革规划纲要[N]. 人民日报，2017年5月8日，第1版.

资源供给量、人才培养效果、公共文化研究成果、文化创作产品的质与量、资金使用效率等；主观指标则包括师生的满意度、社会公众的满意度等。同时也要重视评价结果的运用，将评价结果作为高校服务社会的重要评判标准，并且与政府给高校划拨大学文化建设经费挂钩，以此调动首都高校参与公共文化体系建设的积极性（见图4.1）。

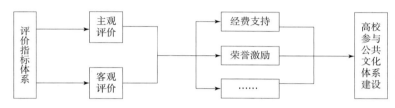

图 4.1　高校参与公共文化体系建设的激励机制

此外，还应建立荣誉激励机制。除了物质激励外，市政府应对有卓越贡献的首都高校给予表彰，并通过首都强大的宣传平台向社会大众进行展示，这不但是对有关高校的荣誉激励，而且是社会共识的提升，有利于营造社会各方协同建设公共文化体系的良好氛围。

值得注意的是，除了政府对高校的考核外，文化和教育部门还应引导首都高校在内部建立起对教职工的公共文化服务考核机制，在职务晋升、职称晋升、岗位评定、评奖评优等方面给公共文化服务业绩更多的权重，以促进全体教职员工积极参与公共文化体系建设的热情。

三、公众：注重深度参与、促进需求导向

党的十九大报告指出，完善公共文化服务体系，深入实施文化惠民工程，"深入"二字体现出公共文化服务要向纵深发展，不仅要实现数量上的全覆盖，更要实现在质量和水平上的提升。公

众的参与是从需求上有效提升公共文化服务质量和水平不可忽视
的因素。只有大力激发公众的参与热情和积极性才能真正实现共
建共享，提高服务质量和水平。

1. 提高公众对公共文化服务的认知程度

"政府出钱办，群众围着看。"这是对传统公共文化管理模式
的形象描述。这种模式不仅增加了政府的财政支出，而且不能向
社会公众提供所需的公共文化服务。公共文化服务是现代公民的
文化权利之一，这不仅是公民的文化福利，也是文化权益，即人
民群众可以自愿参与各种公共文化活动。① 所以，社会公众不仅是
公共文化服务的接受者和享用者，更应该是公共文化体系建设的
参与者、管理者和合作者。在政府努力转变原有观念，施行多中
心治理管理模式的同时，社会公众也必须改变原有的认知。社会
公众往往把公共文化服务理解为完全由政府提供的免费服务，不
愿接受低收费文化服务项目，这种错误的认知往往阻碍了公共文
化体系的建设。

认知是连接供给方与需求方之间沟通的桥梁。虽然影响公众
"参与"的因素有很多，如，交通是否便利、个人的兴趣爱好、
时间是否合适等，但参与的先决因素是对于提供各种文化活动的
文化机构和场所的认知。认知既包括对各文化服务机构的认知，
也包括对提供的文化活动信息的认知。解决公众对服务机构的认
知可以借鉴鞍山文化服务部门的做法。为了提高鞍山文化服务部
门在本地的影响力，提高公众形象，改变了固有观念和陈旧理念，
真正以人民的文化诉求为工作的出发点和落脚点。提高工作的主
动性，关注社会热点事件，第一时间发出公共文化服务部门的声
音。树立互"联网+"思维，推动互"联网+"和智慧城市的深度

---

① 满昌学. 地方高校参与公共文化服务体系建设探析[J]. 广西师范大学学报（哲
学社会科学版），2017（4）.

融合。建立统一的平台，进行资源整合，节约资源提高效能。解决公众对服务信息的认知，可以借鉴上海推进"互联网＋"，建设"文化上海云"的做法，以"云"整合资源，打造"一站式"数字公共文化服务平台，改进公共文化服务质量，推动公共文化服务精准对接，进行服务信息发布和资源推广。根据群众的需求，利用云平台发布各种文化活动包括讲座、展览、培训、竞赛、视频展播、书目推荐等服务信息，把文化活动在开展之前及时进行信息推送，扩大公众的知晓范围。让公众及时了解市各文化服务提供部门的工作动态，调动全民参与的积极性。[①]

2. 高校要为公众参与公共文化服务提供渠道

社会公众无法完全的参与到公共文化体系建设中的另外一个原因就是公众参与公共文化服务缺乏渠道和途径，显然这样降低了社会公众投身于公共文化服务建设的积极性和热情。要提高社会公众的参与度，必须为社会公众开辟新的渠道。

第一，高校要向社会公众及时提供和更新有关公共文化体系建设的消息，使得社会公众能够在第一时间了解高校制定的文化服务政策，这不仅能推动文化政策的顺利进行，同时也吸收了社会公众的意见，提高了政策的民主性和科学性。

第二，高校的公共文化场馆要扩大宣传力度，提高使用效率，经常性地举办各类文化活动和演出，应该充分发挥服务社会公众的作用。

第三，高校应加强对社会公众的专业教育，为社会公共提供参加相关论坛、会议、讲座、培训等机会，使社会公众文化福利和文化权益得到充分的保障。只有社会公众了解和掌握更加专业的知识和技能，才能使他们在公共文化体系建设中发挥更大的作用。

---

① 白羽. 公共文化服务体系建设中的公众参与问题研究——以鞍山市为例[J]. 世纪桥，2018（3）.

3. 推动非遗走进高校惠及更多社会公众

作为传承发展中华优秀传统文化的重要组成部分，推动非物质文化遗产传承发展是党和国家在新时代推进文化建设的一项重大部署。习近平总书记在党的十九大报告中强调，弘扬优秀传统文化"要坚持创造性转化、创新性发展，不断铸就中华文化新辉煌"。2017年年初，中办、国办印发了《关于实施中华优秀传统文化传承发展工程的意见》，明确提出要实施非物质文化遗产传承发展工程。非遗走进高校在上海发展得比较好。2017年6月，上海市委市政府出台《关于实施中华优秀传统文化传承发展工程的意见》，提出上海要加强非遗活态保护。根据中央和地方工作部署，上海市教卫工作党委、市教委不仅将保护、传承和弘扬非物质文化遗产作为重要工作项目列入校园文化建设三年行动计划，并且在草拟两委贯彻落实《关于实施中华优秀传统文化传承发展工程的意见》实施方案中，将其作为校园精神文明建设的重要工程予以贯彻落实。上海市"非遗进校园"工作经过多年的努力和发展，积极构建中华优秀传统文化教育"六进"机制，以进教材、进课堂、进课外、进网络、进队伍建设、进评价体系推动社会主义核心价值观和中华优秀传统文化融入教育教学全过程，推动"非遗"在学校落地生根。以上海师范大学为典型代表，连续多年承接校园文化建设项目并有效协助相关单位统筹开展全市"非遗进高校"工作，还成立了上海师范大学中国非物质文化遗产传承研究中心，以《非遗传承研究》和《上海市中小学生非遗传承与保护研究报告》等刊物为载体，孵化大学生非物质文化遗产研习社团，让非物质文化遗产进校园以后可以落地生根，接续传承发展，积累了丰富的工作经验。

2018年9月，贵州苗族西江非遗文化传承代表团一行走进上海工程技术大学，以"非遗行，一脉香"为主题，开展系列苗族非遗服饰文化交流展演活动，此次活动也是上海工程技术大学40周年校庆系列活动之一。贵州是一个拥有很多少数民族文化遗

产的省份，作为最具代表的苗族文化，西江千户苗寨是至今保存
苗族"原始生态"文化最完整的村寨，是目前中国乃至全世界最
大的苗族聚居村寨。其中被列入国家非物质文化遗产的项目有苗
绣、苗族银饰技艺、芦笙制作等多达 13 项。铜鼓舞、木叶独奏、
芦笙合奏、敬酒歌……这些极具苗族特色的表演让现场师生一次
次鼓掌叫好。活动分别以"非遗行，技艺传"和"非遗行，文化
承"的主题，从静态互动展览到动态服饰秀演，高校师生全程参
与到非遗文化的传承过程，不只是一个参与者，更是一名传承者。
非遗的传承需要全社会尤其是下一代的共同参与，只有拥有越来
越多的观众、参与者、继承者，非遗文化才有"活起来、传下去、
出精品"的良好环境。

北京是我国的文化中心，具有极其丰富的文化资源。这种
得天独厚的优势，是推动北京市公共文化体系建设的重要因素。
2017 年 9 月，"一米之内体验非遗"活动走进北京联合大学艺术
学院。活动采取线上展示与线下展览相结合的方式，邀请非遗传
承人现场展示绝活儿，并开设公开课，与大学生近距离沟通互动，
促进青年学子加深对非遗项目的了解。本次现场展示的非遗项目
包括北京刻瓷、砖雕技艺、京派内画鼻烟壶、泥塑彩绘脸谱、雕
漆工艺和戏曲盔头制作技艺，取得了非常好的效果。北京许多非
物质文化遗产都可以进入高校以拓展公共文化的影响力。例如顺
义曾庄大鼓、京西太平鼓、同仁堂中医院文化等，这些都可以通
过高校这个平台，来增强社会影响力。促进非遗走进高校，是社
会民间艺术与高校协力合作，从而推动北京公共文化服务体系的
内涵建设。

4. 建立公共文化服务的公众参与机制

只有建立了公共文化服务的公众参与机制，才能充分调动民众
参与公共文化的主体性、积极性、能动性，才能克服文化服务的缺
位错位、低质低效，才能实现文化服务的供需平衡，提高民众对于

文化服务的认同，增强政府治理的合法性。随着我国经济体制和政治体制改革的推进，民众对公共事务的参与意识与能力不断增强，民众参与到公共文化服务之中来，已经具有较强的现实可能性。可以从以下几个方面构建公共文化服务的民众参与机制。

一是服务内容知情权。政府的文化服务内容、服务职责和服务目标要通过公开、透明、合理的渠道公布于众。知情权为民众参与公共文化提供了前提和基础。从某种程度而言，民众的文化参与广度、深度、范围与政府文化政务公开的程度有密切关系。文化服务知情权让群众和文化服务提供者都明确了服务的内容和标准，群众知道了自己手中的权利和享有的服务，可以在一定程度上强化提供者的责任感和义务感。

二是服务项目立项上的表达权。民众可以将普遍需要的公共文化服务向政府申请立项，同时民众对于政府提供的文化服务项目具有自主选择的权利。唯有建立起自下而上的民众参与机制，才能将民众的真正文化需要纳入公共文化服务体系建设之中，真正满足民众的文化需要，增强国家合法性认同。

三是服务过程的监督权。在公共文化服务项目招标、供给过程中，民众对于招标程序合理与否、文化服务质量和效率如何，可以通过制度化、规范化的渠道向政府部门反映。让民众参与到公共文化服务供给过程的监督之中，使得基层政府处于自上而下和自下而上的双向压力场域之中，那么政府的"行政逻辑"就会与民众的"服务逻辑"达致一个博弈的平衡点。

四是服务结果的评估考核权。应在农村文化建设中建立科学的考核评价机制，除了考核诸如投资等外在指标外，还应注重对投入产出效益、文化设施利用率以及民众对文化服务满意度的考核。其中，最为关键的是建立健全民众在文化服务方面的参与机制，形成自上而下的考核问责机制和自下而上的公众监督机制，将民众对文化服务的评价纳入绩效考核中。同时，应该鼓励多种形式的公共文化服务绩效评估。通过完善相关政策和法律法规，建立民众参与公共文化服务评估考核的体制化渠道，引导公民个人、社会团体、民间组织、新闻媒体机构、第三方中介评估机构通过一定的法定程序和途径，以直接或间接、正式或非正式的形式参与评估基层政府的公共文化服务绩效。[①]

四、企业：构建互动模式、增进作用发挥

1. 转变企业对公共文化服务的认知模式

对于企业来说，企业与政府、社会及公民个人的关系，是企业生存与发展的外在社会关系结构，企业参与公共文化服务的过程，在某种意义上来说，是企业与政府、社会及公民个人进行资源交换的过程。彼得·M. 布劳（Peter Michael Blau）在探讨社会互动的过程中，认为社会交换是"人们被期望从别人那里得到的并且一般来说确实也从别人那里得到了的回报所激励的自愿行动，社会交换过程——它可能以纯粹的自我利益的形式出现——通过它们的反复发生和逐步扩展的特征在社会关系中产生信任"。[②]

政府作为公共权力的代表者，提供良好的服务是现代政体合法性建构的基础。在现有的体制下，企业参与公共文化服务，离不开政府的合作与帮助，要保持与政府长久的合作关系，必须寻求企业利益与政府利益的契合点。要保持与政府的协同合作关系，企业不仅要加大对于公益性事业的支持，还应成为政府公共文化服务体系的合作者。随着市场经济的发展，政府购买公共文化服务成为我国公共文化服务社会化实践的新方向，如何顺应这一变化，对于企业持续参与公共文化服务具有十分重要的意义。在这

---

① 张良. 民众参与是关键[N]. 学习时报，2012年3月26日.

② [美]彼得·M.布劳. 社会生活中的交换与权力[M]. 李国武，译. 北京：商务出版社，2013：156–160.

一背景下，企业应该积极参与政府购买公共文化服务的过程，不仅成为公民文化需求的"供货商"，还要争取成为政府公共文化服务的"供货商"。企业可以借鉴西方发达国家购买社会服务的经验，积极探索购买其他公共文化服务机构的文化服务的路径，通过加深企业与政府及其他文化单位的合作，将目前的合作化供给模式延伸，扩大公共文化服务合作化的链条，为企业参与公共文化服务提供可持续发展的动力。

企业在加强与政府联系的同时，也需要自觉树立"社会企业"理念，积极承担社会责任。企业参与公益事业需要强有力的资金支撑，在现有的模式下，企业可以积极探索建立"公共文化服务基金"，为社区公共文化服务的开展提供充足的资金，并为长期参与公共文化服务取得战略上的优势。同时，要积极与公益组织建立联系，争取与公益组织共建文化社区，将公益基金引入社区公共文化服务建设中，减轻企业参与公共文化服务的资金压力。在社区内部，应该积极探索与社会组织的合作，通过培育社会组织，支持文化义工，在资金与政策上支持社区组织的发展，与社会组织一起共同承担公共文化服务。

企业在参与公共文化服务的过程中，应进一步推动公共文化服务生活化、品牌化及主流化的发展，通过以公共文化服务生活化为基础、品牌化为方向，将公共文化服务打造成普通大众都信赖的品牌。通过开辟各种渠道为居民参与公共文化服务提供路径，使人民群众成为公共文化服务建设的重要主体，实现"政府及企业出钱办，群众齐参与"的格局。只有居民真正参与到了社区的文化建设，才能真正信赖企业，才能为企业参与公共文化服务及企业的长远发展提供持久动力。[①]

---

① 吴理财，刘建. 企业作为社会力量如何参与公共文化服务——基于北大资源的案例分析[J]. 贵阳市委党校学报，2015（8）.

随着我国企业的不断发展壮大，原有的以政府为核心的公共文化服务供给格局必然被打破，取而代之的是多元主体参与公共文化服务提供的格局。^① 但是，现阶段我国企业参与公共文化体系建设的总体参与度不高，并且多数企业参与公共文化服务体系的第一目的还是以盈利为主。为了改善这种状况，需要从以下几方面改变企业对公共文化服务的认知：

第一，政府应该大力鼓励企业投身于公共文化体系建设之中，政府和企业之间形成一种"委托—代理"的模式，政府负责制定战略，对公共文化服务的内容、方向做明确规定；而文化企业扮演生产者角色，这种模式大大地提高了公共文化服务供给的效率，同时也降低了资金的投入，并且企业也能从中获得自己想要的收益和社会声誉。

第二，企业要转变角色，多方位参与公共文化体系建设。我国的公共文化服务体系建设以及创新工作的现状，整个文化服务体系朝着社会化、市场化的方向转变，这在很大程度上说明了企业在公共文化体系建设中需要承担更多的社会责任。企业不仅以经营管理者的身份参与到公共文化体系建设之中，并且还应该以合作者、倡导者、捐助者和兴办者的身份融入其中。

第三，企业参与公共文化服务体系建设的模式也是多种多样的。它们既可以承担高校在建设公共文化服务体系的具体项目，也可以通过和高校合作从而影响高校政策的制定。除此之外，企业还可以以社会捐助的方式支持高校进行公共文化体系建设，为高校提供资金支持。

2. 企业应加强与高校的技术合作，共同提升公共文化水平

现阶段，我国新媒体技术得到迅猛的发展和进步，新型数字

---

① 刘吉发，吴绒，金栋昌. 公共文化服务供给的企业路径：治理的视域[J]. 技术与创新管理，2013（5）.

终端也层出不穷，我们也进入了"互联网＋"时代，人们的生活方式和习惯也正发生着深刻的变化。[①] 但是我国公共文化服务体系依旧以传统的方式向社会公众传递着信息，我国也提出了推动现代化公共文化服务体系建设的口号。数字媒体作为高新技术的代表，企业在这方面具有很大的优势，这就要求企业责无旁贷地承担起科技创新的责任。

一方面，企业应该向高校提供技术支持，协助高校建设数字文化校园，把学校的电子书、期刊书籍、讲座等通过电视数据向社会公众开放，让高校的资源可以让更多的人享用，扩大高校公共文化服务的对象和范围。

另一方面，企业要不断增强自身研究与开发的能力，与高校建立科技研发合作伙伴关系，形成一种良性互动的情况。企业不仅把科技成果用于高校的公共文化体系建设中，提升企业自身的科研实力，而且企业还能充分利用高校的人才优势，共同增加高校公共文化服务体系中的科技含量。打造网络信息平台，实现社会公众文化需求网上采集、服务内容网上发布、服务质量网上评价以及服务全程数字化管理的新局面。

3. 企业应以多种模式参与公共文化体系建设

企业，特别是文化企业可以通过与政府合作供给公共文化服务、捐赠资金支持公共文化事业、主办公共文化项目、经营管理公共文化事务等几种模式，实现有效参与公共文化服务供给的目标。具体来讲包括四种模式：第一，与政府合作供给公共文化服务。文化企业以具体的公共文化项目为依托，与政府签订合作协议，提供所需的文化产品或服务。这种模式下，文化企业既是公共文化服务的生产者又是提供者，以双重角色参与公共文化服务供给。第二，捐赠资金支持公共文化事业。文化企业以出资的方

---

① 于丽松. 公共文化服务体系建设和管理方式创新研究[J]. 中国培训，2017（17）.

式参与公共文化服务供给，这种模式下既不是明确的公共文化服务提供者，也不是公共文化服务生产者，但若是无偿捐赠公共文化产品或服务，在一定程度上则可视为提供者。第三，主办公共文化项目，提供公共文化服务。文化企业可通过参与政府招标活动，获得公共文化项目的主办权。这种模式下，文化企业既是公共文化项目的出资者又是管理者，同时也是公共文化服务的提供者，但并不一定是生产者。第四，经营管理公共文化事务。在政府实施委托经营、承包经营或者特许经营的制度安排时，文化企业可以经营管理者的身份与政府建立联系，借助于自身的经营管理技术、经验等参与公共文化服务供给。[①] 在这种模式下，文化企业可以看作是公共文化服务广义的生产者，但不是提供者。

4. 借鉴国外企业参与公共文化体系建设的经验

国外企业参与公共文化服务是一个非常普遍的现象，许多国家都积累了大量有益的经验。这方面，日本值得我们学习和借鉴。

公共文化事业是丰富国民精神文化生活的一个重要组成部分。作为公益性事业，公共文化事业在资金、人员、场地等方面都面临着许多发展困境，其进一步发展受到制约。日本企业通过捐款、设立相关财团或基金，以及提供其他企业所拥有的资源积极参与各种公共文化事业，不仅促进了公共文化事业的发展，同时也树立了企业的良好形象，提升了企业的软实力。

战后以来，尽管日本早有建立文化国家的设想，但对于文化振兴一直没有明确的方针，所有文化事业的开展均是以国家为主导的，并且在经费方面，公共文化事业基本依靠国家的单一支持以及地方公共文化团体的自筹经费来运营。1989 年 12 月，由有志于艺术文化的财界相关人士以及艺术文化关系者，以支持文化

---

① 刘吉发，吴绒，金栋昌. 公共文化服务供给的企业路径[J]. 技术与创新管理，2013（5）.

活动为宗旨组成了"艺术文化振兴基金推进委员会"，并于次年成立了"艺术文化振兴基金"和公益社团法人"企业 Mecenat 协议会"。由此，公共文化事业由原来的国家与公共文化事业团体二者之间的关系发展为包括企业在内的三者之间的关系，三者相互协作的公共文化发展支持体系逐渐确立。日本企业支持公共文化事业的平台主要为"艺术文化振兴基金"和"企业 Mecenat 协议会"。"艺术文化振兴基金"设立于 1990 年 3 月，该基金由政府出资 500 亿日元、民间捐款 112 亿日元，共计 612 亿日元作为基金，其运营收益用于支持公共文化事业的各种活动，该基金的运营母体为日本艺术文化振兴会。"艺术文化振兴基金"的成立，改变了以往仅由国家和公共文化事业团体筹集资金的模式，增加了民间企业的资金支持，从而构建起了"三位一体"的支持体系，极大地改善了公共文化事业发展中资金不足的状况。此外，企业界还自发成立了专门资助公共文化活动的民间组织——"企业 Mecenat 协议会"。

随着企业对公共文化服务的认知和行为不断更新和改进，加上政府在相关法律、制度、组织设计等方面的指导和搭建的良好平台，企业凭借自身在资金、人员、场所等方面的资源优势，多渠道、多领域地支持公共文化事业的发展。第一是主办或协办各类艺术文化活动（音乐会、展览会等）。第二是成立与艺术文化相关的财团。随着企业在公共文化事业中的参与逐渐增多，许多企业纷纷成立财团来支持公共文化事业的发展，各个财团根据企业自身特点，分别有其不同的关注领域。第三是直接通过"企业 Mecenat 协议会"或"艺术文化助成财团协议会"，以给艺术文化团体捐款等方式，为公共文化事业各种活动的开展提供资金支持，这也是企业参与公共文化事业活动最主要的方式。第四是企业建立专门的基金以支持公共文化事业的发展，如用于文化事业方面的奖励基金有公益信托爱媛出版文化奖基金、中信美术奖励基金等；也有侧重于各个文化事业领域的基金，如十八银行社会开发振兴基金、大同生命国际文化基金、美术工艺振兴佐藤基金；还有侧重于振兴地方文化的基金，如公益信托信越化学地方文化振兴基金、北海信金地方振兴基金等。第五是企业建立自身的艺术文化设施，直接参与公共文化事业建设。日本企业或个人设立的小规模博物馆、美术馆等在各地都可以看到。第六是企业为各类艺术文化活动的开展提供人力、物力及场地。许多艺术文化团体缺少的不仅是资金，也包括人才。因此，企业通过让职工参加志愿者活动的形式为艺术文化活动提供人才支持，这被很多人看作是企业在各种社会参与形式中最真诚、最令人满意的一种。另外，日本企业还经常将自己的场地、设备等无偿提供给活动方使用，让企业有限的资源得以最大化地利用。

总之，日本企业积极参与公共文化事业，不仅在资金、人才、场所等方面支持了公共文化事业的发展，同时也提升了企业的软实力，对企业同样有着积极的意义。[①] 在这方面，我们可以结合中国的国情和北京的市情，充分借鉴日本的有益经验。

5. 企业要搭建平台，加强与高校之间的互动联系

企业与高校双方构建有效的互动参与格局，充分发挥各自的优势，共同致力于提高社会公共文化服务的质量和水平。身处首都的企业和高校双方应该以更加积极的形式开展新的合作模式，加强企业与高校之间的互动联系，通过更加深入的合作架起双方共赢的桥梁。

第一，强化双方间的技术支持，搭建企业与高校的互动平台。合作平台向更加广阔的方向发展，加强高校与企业之间的联系，让企业能够以更深层次的方式投身于高校的公共文化体系建设之中。

---

① 程永明. 日本企业对公共文化事业的支持措施[J]. 东北亚学刊，2014（7）.

第二，优化双方的合作形式，从单一的资金投入向多方位的合作形式转变。企业和高校之间通力合作，不仅增强了高校的活力和科研热情，而且还通过向企业的学习提高了高校的创新能力和意识。

五、社会：推进协同创新、实现共建共享

在很长一段历史时期，社区公共服务都是依靠政府的直接提供，或者先由政府将服务分配给单位，然后由单位再分配给个人，这种基于政府科层体系之上的供给机制被称为"科层式供给"。[①]

伴随着我国从计划经济向市场经济的转型，我国公共服务的提供从政府的大包大揽的供给逐步走向市场提供服务的阶段，但是市场化的服务却带来了公民实现权利及资源分配上的不对等性。公共文化服务作为公共服务的重要组成部分，如何推动社会参与、推进协同创新，建构一个均衡有效的公共文化服务体系、保障不同阶层公民的基本文化权益，实现公共文化服务的共建共享，成为社会各界、各级政府以及高校等创新型组织共同探索的重要议题。

1. 打破政府作为单一主体垄断公共文化服务的局面

推动公共文化服务社会化发展，是顺应时代发展、构建现代公共文化服务体系的应有之义。2015 年 1 月，中共中央办公厅、国务院办公厅印发了《关于加快构建现代公共文化服务体系的意见》，提出将培育和促进文化消费、鼓励和引导社会力量参与、发展文化非营利组织作为构建现代公共文化服务体系的重要内容，进一步明确了公共文化服务社会化发展的方向、思路和实施路径，必将大大增强公共文化服务的发展动力，有效拓展公共文化服务

---

① 何艳玲. 从"科层式供给"到"合作化供给"——街区公共服务供给机制的个案分析[J]. 武汉大学学报（哲学社会科学版），2006（5）.

的广阔空间，切实增强广大人民群众的文化福祉。推动公共文化服务社会化发展，重中之重是在公共文化服务领域中引入市场竞争机制，这就要求各级政府正确处理与市场、与社会的关系，通过简政放权，进一步发挥市场在文化资源配置中的决定性作用，充分调动各种市场主体和各种社会力量的积极性，参与到公共文化服务体系建设中来，实现公共文化服务供给主体、供给方式和资金投入多元化，形成以"政府主导、社会参与、多元投入、协力发展"为基本特征的现代公共文化服务治理结构，切实提高公共文化服务供给能力和总体水平。推动公共文化服务社会化发展，当务之急是建立健全政府向社会力量购买公共文化服务机制，为社会力量参与公共文化服务提供有效路径，鼓励和引导社会力量进入公共事业领域。这有利于改变政府大包大揽的传统做法，促进政府自身运作方式的改革，减轻政府压力，提高政府管理和公共文化服务社会效率；有利于发挥社会力量在提供公共文化服务、改善社会文化治理方面的作用，激发整个社会的文化活力和文化创造力。推动公共文化服务社会化发展，归根到底是保障群众基本文化权益，培育和促进文化消费，政府工作重点在于创造良好发展环境、提供优质公共文化服务、维护社会公平正义，根据《国家基本公共文化服务指导标准》，保障群众基本文化权益，实现各级政府保障责任和义务的标准化，公共文化设施建设、管理和服务的标准化，同时引导广大人民群众树立健康的文化消费观念和方式，激发文化市场主体的创造活力，增强经济发展的内生动力。

近年来，各地在公共文化服务社会化发展方面有许多立足实际、改革创新的探索实践，取得了良好效果和宝贵经验。今后，各级政府还应进一步完善健全政策措施，加强对社会力量参与公共文化服务的政策扶持；营造平等准入的发展环境，引导和规范社会力量参与公共文化事业；推动社会体制机制创新，培育和促进文化类社会组织发展壮大；加强宣传激励机制，营造有利于社会力量参与公共文化服务的舆论氛围。构建现代公共文化服务体系，政府、市场、社会三者缺一不可，要把政府主导和社会参与有机结合起来，引入市场机制，推动文化事业与文化产业协调发展，形成政府、市场、社会共同参与公共文化服务体系建设的生动格局，全面增强公共文化服务活力和发展动力。

党的十八大以来，我国提出建设现代化的公共文化服务体系，这就要求政府转变观念，打破政府包办一切的局面，充分吸收社会各界的力量投入到公共文化体系建设中来，从原来的单一主体向多元主体管理转变。[①] 多中心的治理模式不仅提高了政府的办事效率，减少了政府财政开支，而且还能吸引更多的群体服务于社会，使得我国公共文化服务水平不断增强，从而满足人民对美好物质生活的向往和追求。

第一，在确保政府主体地位的同时，充分发挥首都社会公众、企业、高校等多方的力量。政府减少了对公共文化体系建设的干预，打破了政府作为单一主体管理公共文化服务的局面，就会极大地解放社会的活力和热情，使社会各界的自主意识得到提升，实现他们最直接地表达对公共文化服务的诉求。

第二，引入市场机制和竞争机制，让社会资本在公共文化服务领域更加自由的流通。社会各界不仅可以成为公共文化服务的享用者，企业、团体甚至个人还可以通过资金投入参与公共文化设施的建设，这是市场经济条件下公共文化体系建设的必然趋势。

2. 构建政府、企业、高校与社会公众四方互动的格局

未来需构建混合型城市公共文化服务新体制，形成政府主导，多方参与的新局面，在政府、企业、高校与社会公众之间形成四

[①] 高宁宁，周新辉. 十八大以来我国公共文化服务体系建设研究述评[J]. 重庆理工大学学报（社会科学），2016（1）.

方互动的良性格局。^① 每个参与主体可以承担不同的职责：

政府为公共文化体系建设提供政策规划；企业为公共文化体系建设提供技术和资金的支持，缓解建设公共文化服务设施资金短缺以及科技水平含量不足的问题；高校为公共文化体系建设搭建面向全社会、全国甚至全世界的交流平台，借鉴不同地区和国家公共文化体系建设的经验，从而推动我国现代化公共文化服务体系的建设；社会公众为最大的群体，最大限度地参与公共文化体系建设可以大大增强决策的民主性，并且为社会公众提供自身最需要的公共文化服务。

3. 增强社会文化活力，推动公共文化体系建设

传统型的政府管理模式，不利于社会文化活力的解放，推动公共文化服务体系建设必须进一步解放思想，努力探索社会力量参与文化建设的新模式。探索社会力量参与公共文化体系建设的新机制必须要从多方面入手：

第一，要使社会各界力量积极主动地参与到公共文化体系建设中，就必须落实到具体的政策规划上，保障社会各界参与公共文化的权利和权益，只有这样社会各界力量才能毫无顾虑地参与到公共文化体系建设中来。

第二，加大对公益性文化活动、艺术创作、文化遗产保护、文化人才培养等方面的资金投入。此外，还要完善公共文化服务设施的建设和更新，提高公共文化场馆的使用和管理效率，这些都可以大大增强社会的文化活力，从而推动公共文化服务体系的建设。

4. 充分整合首都文化资源，实现共建共享

北京作为全国的文化中心，文化资源优势突出，为了充分利

---

① 高丙中. 公共文化的概念及服务体系建设的双元主体问题[J]. 广西民族大学学报（哲学社会科学版），2016（6）.

用和整合首都地区的文化资源，必须进行深入研究和探讨。第一，要通过政策措施建立起系统的、科学的、刚性的文化改革发展指标体系，实现全社会文化资源的高效安排和统筹；第二，协调好资源分配的问题。据本研究的问卷统计发现，北京地区的文化资源分布呈现出不均衡的局面，各地社会公众享受文化资源的机会不均等，如教育、人才资源主要集中于海淀区。我们所建设的公共文化服务体系是面向全社会公众的，想要实现文化资源共建共享就必须解决资源分配不均等、不协调的问题。充分发挥高校资源优势，从而推动北京地区公共文化体系的建设，满足社会公众对于更高品质的公共文化服务的需求。

5. 充分发挥首都公共文化服务示范区的功能

为全面提升首都公共文化服务水平，2015 年北京市启动了首都公共文化示范区创建工作。在首都公共文化服务体系建设中，要充分发挥公共文化服务示范区的功能。

以北京通州区为例，2017 年该区获得第一批首都公共文化服务示范区创建资格，通州区以此为契机，推动公共文化服务向广覆盖、高效能发展，力争建成网格健全、结构合理、发展均衡、运行有序的首都公共文化服务示范区。首都公共文化服务示范区创建标准包括公共文化设施网络建设，公共文化服务供给，公共文化组织支撑，资金、人才和技术保障，公共文化服务评估，资源整合和首都特色等七个部分，通州区对标创建标准，大力推进公共文化基础设施建设，提高公共文化服务效能，促进城乡公共文化服务标准化、均等化、社会化、数字化发展，主要做了以下几个方面的工作：

第一，完善组织机构，明确职责分工。建立了"1+6+15"的组织机构模式。"1"是指一个示范区创建领导小组，由区主要领导担任组长，成员单位包括30家相关部门和15家乡镇（街道）。"6"是指6个专项办公室，"15"是指在15个乡镇（街道）分别设立创建示范区办公室，明确责任分工。

第二，出台系列文件，建立制度保障。区政府出台了《北京市通州区人民政府办公室关于进一步加强基层公共文化建设、创建首都公共文化服务示范区的实施意见》（通政办发〔2017〕1号），并出台了通州区"3+3"系列公共文化政策配套文件，从创建规划、步骤、标准等多个方面对创建工作做出了说明。相继制定了《通州区创建首都公共文化服务示范区指标任务分解》《通州区公共文化评估体系工作手册（试行）》《通州区创建首都公共文化服务示范区过程管理规定（试行）》等一系列配套制度和文件，为示范区创建工作奠定了制度保障。

第三，全面开展自查，查找创建短板。依据《首都公共文化服务示范区创建标准》全面开展自查，相继对全区基层公共文化设施整体情况进行了普查；对全区文化设施资源情况进行了统计；对全区文化组织队伍建设情况进行调研，分别形成了自查分析报告。充分掌握了全区公共文化设施、文化资源现状。

第四，组织专项培训，开展学习交流。采取"请进来""走出去"的方式，邀请专家对全区相关创建单位进行辅导，解读创建内容、分析创建指标，提出创建建议。开展交流学习工作，先后到朝阳区和东城区学习考察创建工作，汲取成功经验。

第五，明确创建需求，对接市级资源。以北京城市副中心专班对接工作为抓手，与市级相关部门沟通，推动优质文化资源入驻北京城市副中心，提高北京市对通州区文化建设的指导与帮扶力度，确保示范区创建工作实现跨越式发展。

当然，目前通州区还没有知名高等学府，但中国人民大学等一流大学已经确定在该区建设分校。可以预期，随着首都城市副中心建设的逐渐完善和人大等著名学府的迁入，通州的公共文化服务体系建设必将迈上一个新台阶。

结 语

建设"文化北京"：首都高校的职责与使命

高校与城市文化的互融、互动是一个永恒的话题。尤其是在新时代的大背景下，人民日益增长的美好生活需要与城市文化氛围的营建、大众文化品位的提升和优秀文化内涵的挖掘等方面联系日益紧密，需要引起我们的进一步反思与关注。

党的十九大报告指出，文化是一个国家、一个民族的灵魂。作为历史古都和当代中国首都，北京具有深厚的文化蕴含，文化是首都城市发展之魂。习近平总书记十分关心首都文化建设，两次视察北京都对北京文化建设做出重要指示，明确把全国文化中心建设作为首都城市战略定位之一。蔡奇同志指出，建设全国文化中心，要集中做好首都文化这篇大文章，特别是源远流长的古都文化、丰富厚重的红色文化、特色鲜明的京味文化和蓬勃兴起的创新文化。这就要求我们，必须深入贯彻落实党的十九大精神，充分认识首都公共文化服务体系在全国文化中心建设中的特殊地位，着眼于树立"文化北京"的理念，紧紧围绕建设全国文化中心战略目标定位，凝聚包括首都高校在内的优势文化资源，深刻认识首都高校与北京城市文化互动发展的新时代特征，明确高校在首都公共文化服务体系建设中的重要地位，切实发挥引领示范作用。

2018年4月21日，在本课题组组织召开的"高校与首都公共文化服务体系建设"专家学术研讨会上，来自中国人民大学、北京航空航天大学、中国农业大学、中国传媒大学、中央财经大学、对外经济贸易大学、北京交通大学、北京林业大学、首都师范大学、北京第二外国语大学、北京顺义区委、北京教育杂志社等单位的 16 位专家学者，就高校服务首都公共文化服务体系、提升高校促进全国文化中心建设的能力等方面的问题进行深入研讨，形成了如下共识：

第一，增强高校与首都文化互动，是建设全国文化中心的迫切要求。

北京作为全国文化中心，在国家文化建设中具有指向性、引领性的重要作用。北京拥有丰厚的高等教育资源。北京有 8 所高校在"一流大学"名单之列，占比近 1/5；其"一流学科"建设高校有 24 所，占比超过 1/4。北京密集的优质高校资源，为首都文化建设提供了人才的智力支持、强大的资源储备及良好的文化环境，理应在全国文化中心建设和首都公共文化服务体系建设中，发挥更加突出的作用。

大学具有天然的文化属性，是城市组织中最具活力的文化机构，能够对城市文化的构建提供持续的人才培养力、强大的科技创新力、广泛的社会服务力、深远的文化传播力。北京作为首都，应从文化建设视域和全国文化中心建设的迫切需求出发，理性审视首都高校与北京城市文化发展的互动实质和新时代特征，从现实困境、机制探索、平台搭建、对策建议等维度，探索首都高校进一步参与、渗透、融合到全国文化建设和公共文化服务体系建设的路径与举措，积极回应高校与北京城市系统化治理和文化协同发展的实践诉求。

加快全国文化中心建设，必须将首都高校融入公共文化服务体系提升到更加突出的位置，要从文化归属感、文化认同感、文化融合性、文化一体化四个密不可分的维度，提高认识、增强举措。首先，首都高校的专家学者和广大师生员工，对北京文化的归属感是其参与公共文化服务体系的首要前提和心理基础。其次，首都高校林立，涵盖教育部属高校、中央其他部委所属高校、北京市属高校等类别，北京市属高校的文化认同感高于其他类别高校，进一步激发首都文化在所有高校中的认同感，是建设完善公共文化服务体系的重要条件。再次，高校文化作为首都文化的有机组成部分，二者的共融、共生对高校参与公共文化服务体系建设具有重要促进意义。最后，高校的文化内部整体化和校际一体化，可以有效激发首都公共文化服务体系的活力。

推进全国文化中心建设特别是公共文化服务体系建设，首都和高校还应该从整体性、融合性和联动性三方面入手：一是整体性，高校本身就是一个文化殿堂，高校履职尽责就是为整个国家、整个地区的文化做贡献；二是融合性，人才是制约地区发展的最大问题，公共文化服务体系建设也需要人才的支持，高校与地区要处理好人才融合的问题；三是联动性，高校在某种程度上代表一种理论，首都的公共文化服务体系建设代表着一种实践，理论从实践中来，实践也需要理论的指导，高校与首都公共文化服务体系建设应始终处于高度联动的体系中，两者必须齐头并进才能解决体制机制等问题，最终落实到北京市"一核一城三带两区"的文化战略任务中。

第二，顺应时代需求，为首都公共文化服务体系提供"硬支持""软支撑"。

党的十九大提出人民对美好生活向往和追求的目标，其中一个重要的方面就是对文化诉求的日益提升。北京在发挥高校文化资源优势方面，空间、前景和潜力很大，但也存在重视力度不够、实际效果不佳等问题。必须从政府和高校的层面，从观念变革的高度，推动高校和首都公共文化服务体系的整合建设、协同发展与开放互动，将高校文化资源纳入首都文化一体化建设中统筹考虑，以机制和手段的创新，探索构建一个共建共享的社会公共文化服务环境。

　　高校参与公共文化体系建设是顺应社会发展、服务国家战略的一项具体举措。从高校角度来讲，需要进一步发挥人才培养、科学研究、服务社会以及文化传承创新这四大职能的积极作用。对于首都高校参与首都公共文化服务体系，重点是要研究和解决好高校的公共文化资源对外开放时，存在的心态偏向保守、被动以及体制机制不对接等瓶颈问题。

　　北京作为全国高等教育中心，大学文化是北京文化中非常重要、浓墨重彩的一笔。按照国际上对创意城市评价的佛罗里达"3T"指标，北京兼具科技（technology）、人才（talent）和包容性（tolerance）特征，高校在参与公共文化建设中具有得天独厚的优势，充满文化活力和创意生命力。一方面，大学和社群文化之间的融合需要有"硬支撑"，针对现实中物理空间上大学文化资源的简单开放不够和不足，高校可依托现代互联网体系建立总分管制度，探索深度参与公共文化服务的新机制；另一方面，需要针对公共文化服务体系中专业管理人才缺乏、公共设施使用效率低下等痛点对症下药，充分发挥高校智库资源的"软支撑"作用，如探索政府和社会资本合作等方式，促使公共文化服务体系高效运转。

　　首都高校应顺应时代需求，以更加积极主动的姿态，自觉融入北京"四个中心"建设。特别是公共文化体系作为创建全国文化中心的重要内涵，是高校发挥文化传承、文化创新和文化引领作用的良好契机。这既需要体制机制的突破、在谋划和规划层面的观念更新，也需要政策和评价激励，整合高校和社会的文化平台、人才智库等资源，破解条块分割的现状，使各类高校的文化资源优势，在首都公共文化服务体系中发挥支撑和切实作用。

　　第三，建设文化高地，塑造文化形象，实现文化资源共享。

　　高校参与首都公共文化服务体系建设对北京未来文化发展，包括北京城市形象塑造具有重要意义。首先，要积极发挥首都公共文化服务体系建设理念形成、理念传播的智库作用，着眼于首都、高校与社会三个层面，加强理念形成和理念传播方面的研究；其次，充分发挥高校研究课题的媒介作用，通过研究成果向政府、社会的推广，从而实现高校研究课题的社会价值；最后，高校应该着眼于时政研究，根据现实文化需求提供策略，丰富文化供给，不断提高公共文化服务的品位和质量。

高校作为北京城市文化高地的地位明显，参与首都公共文化服务体系建设大有作为。一方面，高校参与首都公共文化服务体系建设具有得天独厚的优势，同时也责无旁贷。无论是作为首都公共文化建设的主体还是客体，高校在其中都处于重要的地位。另一方面，高校参与首都公共文化服务体系，可以通过四个渠道，即学科服务、平台构建、人才储备和精神引领。其中，学科服务、平台构建和人才储备就是发挥高校人才高地、文化高地的积极作用。精神引领主要是发挥高校文化软实力的作用，通过高校一些原创文化品牌进社区等方式，对高校周边社区形成辐射作用。

高校与其所在城市公共文化有着非常紧密的联系，对所在城市公民素质提高和城市文化塑造起着非常关键的作用。首都高校要更加广泛、深入地参与公共文化服务建设，应注重以下四方面：第一，高校要建立长期性、常规性和规范化的绩效评估制度，对高校提出服务社会更高要求的同时，发挥高校服务社会的积极性；第二，高校要加强相关专业人才的培训和培养，为首都公共文化服务体系建设提供源源不断的专业人才；第三，高校应开展首都公共文化服务体系建设相关理论研究，着眼于北京实际情况，针对北京问题，面向北京未来发展，开展理论研究，为首都公共文化服务体系建设提供智库咨询；第四，高校应该以更有保障的安全措施、便于管理的教育系统、较高的服务转化率，向社会提供更多的文化产品输出，如开放校园数据库和图书馆等，实现与社会的资源共享。

北京基层公共文化服务体系主要存在文化设施比较落后、文化产品单一过时、从业人员素质有待提升、市场化程度低等问题。通过高校深度参与首都特别是基层公共文化服务体系建设，有利于突破基层文化设施建设壁垒，将高校优质文化资源嫁接到基层，推动高校文化下乡下社区，促进高校文化产品与基层社会文化服务的融合创新，扩大基层群众的受益面。

第四，加强顶层设计，提升高校参与首都公共文化服务体系建设的能力。

应加强顶层设计，不断提升高校参与首都公共文化服务体系建设的能力。首先，高校要进一步重视强化、建立与共享首都公共文化服务体系意识；其次，高校要增强自身参与公共文化和文化建设的职能，高校是否重视公共文化服务，决定了高校是否能更好地融入到公共文化服务体系建设中去；再次，政府要畅通北京高校与首都地方部门合作的途径，高校应该充分发挥"智囊团"的作用，为首都地方和部门出谋划策；最后，高校要充分吸收和借鉴国内外先进经验，优化增强大学参与社会公共文化服务体系的途径与实效。

宏观层面，要注重提升北京高校服务首都公共文化体系建设的质量，应从政府和高校自身两方面入手。一是政府应该对高校的能力和优势进行统筹整合和分配布局，为高校制订具有针对性的规划与计划。高校则应久久为攻、驰而不息，以长期、高效的作为，服务于首都公共文化服务体系建设。二是针对首都公共文化服务体系的功能短板，进行摸底调查和深入排查，就首都高校相关资源、能力、优势展开调研，做好创新服务的界定和规划，为首都公共文化服务体系建设提出更具指向性、针对性的方案。

高校和公共文化建设、服务体系建设中一个重要的立足点，就是政府层面应做好高校和社会公共文化设施建设的整体设计和分类指导，高校层面需要系统性地对图书馆、艺术馆和博物馆等文化平台资源进行顶层布局，与政府、社区协同推进首都公共文化服务体系建设，切实发挥高校文化对社区生活的辐射和带动作用，提高周边社区居民的文化素养与文化品位。

当前高校参与首都公共文化服务体系的建设，存在着主动性和系统性亟待提升、能力不足、动力不足等问题，需要构建相互促进的体制机制创新环境，建立高校与政府合作共建的首都公共文化供给模式。高校应进一步重视大学文化建设和文化育人的辐射作用，最大限度实现高校资源共享，为社会提供优质的公共文化产品和服务创新，从而更好地促进高校为全国文化中心建设服务。

后　记

　　《融合与选择——高校与首都公共文化建设研究》是首都师范大学文化研究院委托课题"依托高校资源促进首都公共文化体系建设的策略研究"的重要成果。北京航空航天大学人文与社会科学高等研究院课题组抱着严谨、认真、求实的态度，以党的十九大精神为指导，根据《北京市"十三五"时期加强全国文化中心建设规划》的精神和要求，重点从高校与城市文化发展的互动关系、首都高校在全国文化中心建设中的地位及作用、首都公共文化体系中高校参与及作用发挥现状与问题、发挥高校资源优势促进公共文化体系建设的对策建议等维度，展开课题研究和研究报告的撰写。

　　高校是城市组织中功能独特、最具活力的文化机构，能够对城市文化的构建、公共文化服务体系的完善提供持续的人才培养力、强大的科技创新力、广泛的社会服务力、深远的文化传播力。北京高校聚集，高等教育资源丰厚，围绕建设全国文化中心战略目标定位，凝聚包括首都高校在内的优势文化资源，进一步明确高校在首都公共文化服务体系中的重要地位，理性审视首都高校与北京城市文化发展的互动实质和新时代特征，探索首都高校进一步参与、渗透、融合到全国文化建设和公共文化服务体系建设的路径与举措，积极回应高校与北京城市系统化治理和文化协同发展的实践诉求，具有重要的现实意义。

　　本课题研究历时一年多，进行了大量文献收集、整理与研究，开展问卷调查及数据分析，组织召开专家学术研讨会，就高校服务首都公共文化服务体系、提升高校促进全国文化中心建设的能力等方面的问题进行深入探讨，并数易其稿，最终完成编写工作。

本书主编蔡劲松教授作为课题组组长，负责牵头制订研究大纲、指导课题研究全过程，把握研究方向、基本框架及内容，主持专家学术研讨会，并负责全书的统稿与审定；本书主编杜治洲教授作为课题组副组长，与课题组成员共同研讨制订、调整详细的研究计划，并对主要章节进行了较大篇幅修改、补充完善和统稿定稿；本书副主编陈思博士作为课题组主要成员，参与了研究大纲和计划的制订完善，并牵头调研访谈与数据分析部分的工作推进。

本书主要章节的编写成员分工如下：第一章，郭鹏程、于金龙；第二章，王云飞、余成峰；第三章，钟俏莹、胡星星、陈思；第四章，张普彪、杜治洲。本书是全体课题组成员集体智慧和共同努力的结果。

在研究过程中，首都师范大学文化研究院常务副院长李焕喜教授以及张翔副院长、郑以然老师等给予了课题组大力支持。北京顺义区委常委、宣传部长贺亚兰、顺义区委宣传部副部长李胜建、中国人民大学党委副书记郑水泉、中国农业大学党委副书记宁秋娅、中国传媒大学党委副书记王达品、北京林业大学文化与自然遗产研究院院长李铁铮、中央财经大学文化与传媒学院院长魏鹏举、北京交通大学党委宣传部部长蓝晓霞、对外经济贸易大学党委宣传部部长张小锋、北京第二外国语大学党委宣传部部长曲茹、《北京教育》杂志社社长兼常务副主编李艺英等专家参加了本课题组举办的学术研讨会，提出了许多宝贵的意见和建议。在此，一并对各位的帮助与支持表示诚挚感谢。

由于时间、精力和能力所限，书中难免存在不少偏颇、不足甚至谬误之处，恳请有关专家和广大读者给予批评指正。

编　者

2018 年 10 月